Jan-Hendrik Höcker

Cybermobbing

Jugendliche im Spannungsverhältnis zwischen
Öffentlichkeit und Privatheit im Social Web

Diplomica Verlag GmbH

Höcker, Jan-Hendrik: Cybermobbing: Jugendliche im Spannungsverhältnis zwischen Öffentlichkeit und Privatheit im Social Web. Hamburg, Diplomica Verlag GmbH 2015

Buch-ISBN: 978-3-95934-538-5
PDF-eBook-ISBN: 978-3-95934-038-0
Druck/Herstellung: Diplomica® Verlag GmbH, Hamburg, 2015

Bibliografische Information der Deutschen Nationalbibliothek:
Die Deutsche Nationalbibliothek verzeichnet diese Publikation in der Deutschen Nationalbibliografie; detaillierte bibliografische Daten sind im Internet über http://dnb.d-nb.de abrufbar.

© Diplomica Verlag GmbH
Hermannstal 119k, 22119 Hamburg
http://www.diplomica-verlag.de, Hamburg 2015
Printed in Germany

Inhaltsverzeichnis

Einleitung

„**Megan war 13 und über beide Ohren in eine Internet-Bekanntschaft verliebt. Als ihr virtueller Freund sie plötzlich verschmähte, erhängte sich das Mädchen.** Doch der virtuelle Freund war in Wahrheit eine ehemalige Freundin, die sich rächen wollte. Jetzt stehen die Täter selbst am Online-Pranger" (Patalong 2007, Hervorheb. im Original).

Ein soziales Phänomen, was bislang aus institutionellen Kontexten wie der Schule oder beruflichen Verhältnissen bekannt ist, breitet sich im Zuge der Mediatisierung und Informatisierung in fast alle privaten Lebensbereiche der Gesellschaft aus. Das Metamedium Internet und die implizierten sozialen Netzwerke und Online Communities bieten Jugendlichen neue soziale Räume, um onlinevermittelt zu kommunizieren und zu interagieren. Im Social Web werden soziale Beziehungen geknüpft bzw. User-Generated Content veröffentlicht, um ihn mittels asynchronen und synchronen Kommunikationsdiensten wie E-Mail oder Instant Messaging bestimmten Publika auf Social Web Plattformen zugänglich zu machen. Auch wenn sich durch die computervermittelte Kommunikation Vorteile für die interpersonelle Kommunikation ergeben, so begünstigen Merkmale wie die Entkörperlichung und Persistenz von Informationen ebenfalls antisoziales Verhalten. Mobbing, das onlinevermittelt via Internet oder Mobiltelefon praktiziert wird, ist mit dem Begriff Cybermobbing gekennzeichnet. Dazu zählen beleidigende und bedrohende Kommentare, die auf Profilen einzelner User gepostet werden, als auch manipulierte und diffamierende Videos und Bilder, die ohne Zustimmung des Urhebers einer nur zum Teil eingeschränkten Öffentlichkeit des Webs präsentiert werden.

In diesem Buch wird einerseits untersucht, welchen Stellenwert das Social Web in der Lebenswirklichkeit von Jugendlichen einnimmt und welche Handlungen sie in ihm alltäglich vollziehen. Außerdem scheinen die Popularität von Social Network Sites und die Verschmelzung privater Öffentlichkeiten neben positiven Effekten auch Sicherheitsrisiken für die interpersonelle Kommunikation im Internet zu beherbergen. Um dieser These nachzugehen, werden im Hauptteil die Unterschiede zwischen Mobbing in Face-to-Face Situationen und Cybermobbing herausgearbeitet, die sich durch die Effekte der computervermittelten Kommunikation ergeben. Anschließend werden die Veränderungen der Öffentlichkeit und Privatheit in Social Networks anhand von Beispielen erläutert, um im Ausblick die Präventions- und Interventionsansätze bzw. aktuelle Konzepte zur Minimierung von Mobbing/ Cybermobbing sowie zur Förderung der Medienkompetenzen und prosozialen Verhaltens bei Jugendlichen zu erläutern.

1 Jugend im Kontext von Medien und Sozialisation

Zu Beginn dieses Buches wird die Lebensphase Jugend sowie deren zeitliche sowie inhaltliche Entwicklungsmerkmale dargestellt. Danach werden die juvenile Selbstsozialisation im Internet und die Mediennutzung von Jugendlichen[1] anhand aktueller empirischer Daten erläutert.

1.1 Jugend

Eine nähere Begriffsbestimmung von Jugend ist abhängig vom gesellschaftshistorischen Kontext, in dem Heranwachsende aufwachsen. Die Jugend ist ein soziales Konstrukt, das spezifische Denkvorstellungen von jugendlichen Umgangsformen in Bezug auf andere Generationen und Maßnahmen, die während der Erziehung von Jugendlichen angewendet werden, beinhaltet (vgl. Andresen 2005, S. 11).

Seit dem Beginn der Industrialisierung und der folgenden Bildungsexpansion werden Fähigkeiten und Fertigkeiten an die Jugendlichen weniger durch die Familie, sondern vermehrt durch Bildungsinstitutionen wie Schule und Ausbildung vermittelt. Die regressive Funktion altersheterogener Primärgruppen wie die der Familie verliert an Einfluss, hinsichtlich dessen, dass sich Jugendliche bei der Bildung- und Berufswahl nicht mehr an ihnen orientieren (vgl. Baacke 1999, S. 126; Bell 1961; Eisenstadt 1966).

Allerdings gewinnen auch informelle Lernräume wie die eher altershomogenen Peergroups und Jugendkulturen[2] sowie der Einfluss von Orientierungs- und Wertemuster, die über audiovisuelle Medien[3] wie Fernsehen und Internet vermittelt werden, sukzessiv mehr an Bedeutung für die jugendliche Genese. Die Jugendlichen universalistisch geprägter Industrienationen wachsen zu Beginn des 21. Jahrhunderts in fast vollkommen mediatisierten Informations- und Wissensgesellschaften auf, in denen es im Kontext von Wertepluralisier-

---

[1] Aus Gründen der Lesbarkeit wird im weiteren Verlauf bei Nennungen von Personen(-gruppen) zumeist auf die sprachliche Differenzierung weiblich/männlich verzichtet. Wenn nicht explizit darauf hingewiesen wird, werden grundsätzlich beide Geschlechter angesprochen.

[2] Der Begriff ist eine Sammelbezeichnung für jugendliche Gemeinschaftsformen, die ein eigenes Werte und Normensystem in Abgrenzung zu den sie umgebenden gesellschaftlichen Vorstellungen der Elterngeneration entwickeln und einen kollektiven primär ästhetischen Lebensstil teilen, aus dem ein Wir-Gefühl entsteht, das nicht ortsgebunden ist. Jugendkulturen sind zwar oftmals altershomogene Gruppen, doch stammen ihre Anhänger heute meistens aus ganz unterschiedlichen Bildungs- und Sozialmilieus. Der thematische Rahmen ist entscheidend (vgl. Baacke 1999, S. 162ff.).

[3] Audiovisuelle Medien sprechen vordergründig zwei Sinnesmodalitäten an, die Augen und/oder Ohren. Sie übermitteln Informationen via Bild und Ton. D.h. in Form von Schallwellen und /oder Bildern werden die Informationen entweder gebündelt oder separat an den Rezipienten visuell oder auditiv gesendet, der sie je nach individuellen Wahrnehmungsmuster unterschiedlich deutet. Zu den meist genutzten analogen Formen zählen der Rundfunk (Radio), Tonträger sowie Kabelfernsehen oder Videokassetten. Audiovisuelle Medien in digitaler Form sind beispielsweise DVDs (Digital Versatile Disc).

ung auch zu einer Zunahme von Individualisierungsprozessen kommt. Die heterogenen Leitbilder des Wertepluralismus führen bei Jugendlichen universalistisch geprägter Industrienationen vermehrt zu einer Werteunsicherheit, wenn es um die Konstruktion von Identität[4] geht.

Die Rolle der Heranwachsenden ist zudem unklar definiert. EISENSTADT (1966) charakterisiert die Lebensphase Jugend als „inter-linking sphere", einem Bindeglied zwischen festen Rollenmustern der Kindheit und des Erwachsenenalters (vgl. Baacke 1999, S. 127). Dieses Dasein ist durch eingeschränkte Rechte und Mitwirkungsmöglichkeiten geprägt. Die Jugendlichen befinden sich in einem Moratorium[5], einen Schutzraum, in dem sie eigentlich bewusst von den Anforderungen und Pflichten der Erwachsenengesellschaft befreit sind, um ihre individuelle Persönlichkeitsstruktur und Identität auszubilden. Allerdings beinhaltet ihre Lebensgestaltung vermehrt Pflichten und Verantwortungssituationen, die charakteristisch für das Erwachsenenalter sind. Beispielsweise stehen Heranwachsende in ihrer Freizeit unter einem zunehmenden Termindruck, weil sie die Teilnahme an mehreren Sport-, Musik- oder Schulveranstaltungen selbst zeitlich managen müssen. Aus der mangelnden Rollendefinition der Jugend resultiert oftmals eine emotionale und soziale Labilität, die anschließend in ein Orientierungs- und Schutzbedürfnis wechselt, welche die Jugendlichen vermehrt in altershomogenen Gruppen wie der Peergroup oder Jugendkulturen anstatt in traditionellen pädagogischen Institutionen wie der Familie zu befriedigen versuchen. Das Entstehen und die Orientierung an Mitgliedern von Jugendkulturen, Jugendszenen[6] und sozialen Milieus[7] in

---

[4] „Die Wahl eines kulturellen Systems, sowie die Wahl von Elementen, die dieses System anbietet (Stile, Rollen, Werte, Ideologien), mit dem Ziel, das Selbst zu repräsentieren (ein Bild davon zu geben), gegenüber den Mitgliedern desselben kulturellen Systems, und, als Mitglied dieses Systems, gegenüber den Mitgliedern anderer kultureller Systeme. Die Reaktion anderer auf die so konstruierte Identität wirkt zurück auf Erfahrung und Konstruktion des Selbst des betroffenen Individuums" (Lüscher 1997).

[5] Die Jugend wird deswegen auch als biologische, entwicklungspsychologische und sozialkulturelle Lebensphase beschrieben, die aufgrund der partiellen Befreiung von Pflichten des Erwachsenseins Merkmale eines Moratoriums aufweist (Ferchhoff 1999, S. 67-68; vgl. Andresen 2005, S.10f.).

[6] Jugendszenen oder jugendkulturelle Szenen kennzeichnen, dass sie eher apolitisch und gesellschaftsbejahend sind sowie eine partikulare Lebensweise praktizieren. Ihre Anhänger organisieren sich in Netzwerken, die meistens auf ein Thema wie eine Musikrichtung fokussiert sind. Sie teilen materieller und/ oder mentaler Formen der kollektiven Selbststilisierung und stabilisieren und entwickeln ihre Gemeinsamkeiten zu bestimmten Zeiten an bestimmten Orten weiter. Diese Orte können beispielsweise Discos oder Musikevents sein. Die Szenekonturen sind dynamisch und verändern sich stets weiter. Abhängig von den kulturellen Präferenzen der Jugendlichen gehören die Protagonisten heute oft mehreren jugendkulturellen Szenen an (vgl. Hitzler et al. 2005, S. 20).

[7] Die Grenzen von sozialen Milieus sind fließend. Die Merkmale, nach denen die Milieuzugehörigkeit klassifiziert werden kann, ist die soziale Lage, Werteorientierung, Lebensstile, Lebenslagen, Alltagseinstellungen, Wunschvorstellungen, Ängste und Zukunftserwartungen . Dieser Begriff wird vorrangig verwendet, weil die Bezeichnung *Subkultur*, (sub- = lateinisch: unter), ein Herrschaftsverhältnis zwischen einer elitären Gesellschaftsführung und unterlegenen jugendkulturellen Strömungen suggeriert (vgl. Baacke 1999, S. 125-162).

realen und virtuellen[8] sozialen Räumen wie den Online Communities des Social Web ist somit eine Reaktion auf Sozialisationsdefizite der primären Sozialisationsagenturen (vgl. Baacke 1999, S. 127). Sowohl im regional begrenzten Freundeskreis wie auch in den virtuellen Social Networks und Online Communities des Social Web[9] organisieren, kommunizieren und stilisieren sich die Jugendlichen anhand vorherrschender Werte- und Orientierungsmuster.

Die genaue zeitliche Eingrenzung der Lebensphase Jugend ist aufgrund der verlängerten Verweildauer im Bildungssystem und den daraus resultierenden relativen Grenzen dieses Lebensabschnittes nur in Abhängigkeit zu einem speziellen gesellschaftlichen Kontext möglich[10] (vgl. Ferchhoff 1999, S. 69-71). Die Begriffe Adoleszenz und Postadoleszenz kennzeichnen die Erweiterung des Jugendzeitraums, der in diesem Zusammenhang das Alter zwischen dem 15. und 28. Lebensjahr definiert. Die erfolgreiche Bewältigung von Entwicklungsaufgaben[11] soll währenddessen zu der Ausbildung einer individuellen Persönlichkeitsstruktur und stabilen Identität bei den Jugendlichen bzw. jungen Erwachsenen führen (vgl. Havighurst 1948, 1982; Erikson 1968). Die Identitätskonstruktion ist allerdings nicht mit dem Erreichen des Erwachsenenalters abgeschlossen. Im Zuge lebenslangen Lernens wird auch die Identität jedes Individuums während eines dynamischen Wertewandels innerhalb der Gesellschaft ständig verändert. Während der juvenilen Sozialisation soll es hingegen „durch [die] direkte oder indirekte Interaktion [mit Bezugspersonen in Schule, Freizeit und Beruf] zur Entwicklung [bzw. Weiterentwicklung] einer relativ stabilen Verhaltensdisposition" kommen (Baacke 2007, S. 38). Das Ziel dieses Lebensabschnittes ist es somit, dass das Individuum selbstbestimmt, kritisch und reflexiv in Interaktion mit der jeweiligen sozialen Lebensumwelt unter der Beachtung gesellschaftlicher Werte- und Normvorstellungen handelt. In diesem Zusammenhang steht auch das Erlangen von kommunikativen Kompetenzen, Sozialkompetenzen, Handlungskompetenzen und Medienkompetenzen.

Die „Mediatisierung" und „Informatisierung" der gesellschaftlichen und privaten Lebensbereiche führt außerdem dazu, dass Identität auch online konstruiert wird (Castells 2001). Sowohl im regional begrenzten Freundeskreis wie auch in den virtuellen Social Networks und

---

[8] Eine strikte Trennung zwischen realen und virtuellen sozialen Räumen dient nur der Analyse der einzelnen Kategorien. Aufgrund der Zunahme von sozialen Beziehungen und Handlungen, die direkten Einfluss auf die Realität von Jugendlichen nehmen, verschwinden die Grenzen.

[9] Vgl. Kapitel 2.2

[10] Juristisch liegt das Alter eines Jugendlichen zwischen dem 14. und 21., in Ausnahmefällen 25. Lebensjahr, in der er eingeschränkt strafmündig ist (vgl. JStG 2003).

[11] Entwicklungsaufgaben beschreiben lebenskontextabhängige Lernanforderungen wie die „Entwicklung intellektueller und sozialer Kompetenz, [...] eines Werte- und Normensystems und eines ethischen und politischen Bewusstseins sowie der emotionalen Trennung von den Eltern und Hinwendung zur altershomogenen Gleichaltrigengruppe (vgl. Havighurst 1982; Ferchhoff 1999; Zimmermann 2003, S. 177).

den Online Communities des Social Web organisieren, kommunizieren und stilisieren sich die Jugendlichen anhand vorherrschender Werte- und Orientierungsmuster. Dies führt einerseits dazu, dass soziale Beziehungen via Onlineplattformen neu geknüpft und gefestigt werden als auch dass die Grenzen zwischen Realität und Virtualität verschwinden. Verhaltensweisen und Handlungen, die online getätigt werden, haben in den meisten Fällen Auswirkungen auf die Lebenswirklichkeit der Jugendlichen. Dazu zählen u.a. Gruppen, die in bestimmten Online Communities über ein spezielles Thema diskutieren, Vorlieben und Meinungen untereinander austauschen, wodurch sich auch der Lebensstil in der Realität verändert. Besonders jugend-kulturelle Szenen vernetzen sich vermehrt online und planen die nächsten anstehenden regio-nalen oder überregionalen Events[12].

1.2 Selbstsozialisation im Internet

Die Haushalte, in denen die 12-19 Jahre jungen Heranwachsenden im Jahre 2009 leben, sind vollständig mit Mobiltelefonen, PC bzw. Laptops ausgestattet[13]. Achtundneunzig Prozent der Haushalte verfügen über einen Internetzugang (MPFS 2009, S. 6). Diesbezüglich gibt es nur marginale Unterschiede hinsichtlich der Schulform (Hauptschüler 97%; Realschüler 98%; Gymnasiasten 99%) (MPFS 2009, S. 7). Fünfundneunzig Prozent der Heranwachsenden be-sitzen ein eigenes Mobiltelefon und bereits 72% der Mädchen und 77% der Jungen gehört ein eigener PC oder ein Notebook (MPFS 2009, S. 7). Im Vergleich zur Untersuchung 2007 sind der Computerbesitz um vier Prozentpunkte und der Internetzugang um drei Prozentpunkte angestiegen. Während ihrer Freizeit nutzen 79% der Jugendlichen das Mobiltelefon mehrmals pro Tag, 63% täglich den Fernseher und 65% das Internet. Davon 25% sogar mehrmals pro Woche. Das Handy wird sogar bei 79% der Jugend mehrmals am Tag genutzt (MPFS 2009, S. 16). Anhand dieser Ergebnisse wird deutlich, dass der regelmäßige Umgang mit digitalen Medien[14] zum Alltag[15] von Jugendlichen gehört.

---

[12] Die Jugendlichen, die 1993 zeitgleich mit der Einführung des ersten grafikbasierenden Webbrowsers Mosaic geboren wurden, werden auch als „Digital Natives" bezeichnet (Rolke & Höhn 2008, S. 144). Sie sind die erste Generation, in deren Leben digitale Technologien wie MP3 und insbesondere das webbrowserbasieren-de Internet stets verfügbar waren. Allerdings gilt zu beachten, dass die damaligen Internetanschlüsse und die Anzahl an Websites nicht mit den derzeit geschätzten sechs bis acht Milliarden Websites vergleichbar sind (van Eimren & Frees 2008, S. 362).

[13] Der Medienpädagogische Forschungsverbund Südwest befragte 2009 in einer nicht-repräsentativen Studie zum Thema Jugend, Information und (Multi-) Media 1200 Jugendliche im Alter von 12-19 Jahren zu ihrem Medienumgang. Die Ergebnisse der JIM-Studie 2010 erscheinen erst am 26.11.2010 und sind daher nicht in dieser Arbeit berücksichtigt.

[14] Bei digitalen Medien werden die Information digital kodiert und encodiert, d.h. in Programmcodes bzw. Bits und Bytes. Sie sind damit das Gegenteil von analogen Medien. Durch elektronische bzw. digitale Medien lassen sich mit Hilfe von Geräten wie PCs oder Mobiltelefonen schnell und massenhaft Nachrichten verschicken bzw. empfangen. Die Datenübermittlung findet durch Formate und Anwendungen wie Emails, SMS, Instant Messaging sowie auf HTML Webseiten mittels Social Software wie Blogs und Chats statt.

Das Internet[16] ist ein Metamedium, was im Wesentlichen als Infrastruktur zu verstehen ist, die viele Internetdienste und -anwendungen impliziert. Personen, die über einen Internetzugang verfügen, instrumentalisieren diese Anwendungen und Dienste, um onlinevermittelt, synchron und/oder asynchron zu kommunizieren[17]. Der Zugang zum Internet, also zum globalen Netz an Servern, auf denen Informationen gespeichert sind, erfolgt mittels des WWW (World Wide Web). Oftmals mit dem Internet gleichgesetzt, ist es allerdings auch nur eine Webanwendung, auf die mit einer weiteren Software, einem Browser wie Mozilla Firefox, zugegriffen werden kann. Medien wie das Internet (lat. Medium= Mittel) sind Instrumente, die der Informations-übermittlung einer Nachricht zwischen Sender und Empfänger bzw. zwischen Produzenten und Rezipienten dienen. Für 87% der Jugendlichen ist die tägliche Internetnutzung wichtig (MPFS 2009, S. 19). Das Internet ist im Tagesablauf kaum bzw. im Medienvergleich von nachrangiger Bedeutung. Für zehn Prozent ist es in der Schule sowie am Arbeitsplatz und beim Lernen bzw. bei den Hausaufgaben am wichtigsten (MPFS 2009, S. 21).

Insgesamt ist auch der Medienbegriff einem stetigen Wandel ausgesetzt, da er eng an die Dynamik der technischen und sozialen Entwicklung geknüpft ist. Der anhaltende technologische Fortschritt, d.h. die Produktion immer schnellerer und anwenderfreundlicher, intuitiver Hard- und Software in den Bereichen digitaler Medien führt dazu, dass Medien wie das Internet zum festen Bestandteil im Alltag von Jugendlichen werden. Daraus ergeben sich zwangsläufig Auswirkungen auf das Handeln der juvenilen Gesellschaftsmitglieder. Das zeigt sich bereits am typischen Tagesablauf einiger Heranwachsender, dessen erste Aktion nach der Schule der Login ins Freundesnetzwerk im Internet ist, um sich für den Abend zu verabreden. Die onlinebasierende Vernetzung von sozialen Kontaktkreisen und die vermehrte Selbstdarstellung auf Social Network Sites führen dazu, dass Jugendliche während ihrer Freizeit viel länger online sind und das die Bewertung und Wahrnehmung der eigenen Person durch andere Mitglieder der Netzwerke an Bedeutung für die Identitätskonstruktion gewinnen. Die technischen Voraussetzungen bilden günstige Internettarife und schnelle Datenleitungen wie DSL, die es den Jugendlichen ermöglichen, eine unbegrenzte Menge an persönlichen Informationen wie Texte, Fotos oder Videos ins Internet hochzuladen. Die alltägliche Kommunikation in Chaträumen oder via Instant Messenger führt sogar vereinzelt dazu, dass spezielle Formen der computervermittelten Kommunikation wie Smilies oder Emoticons[18] Einzug in die realen Sprach- und Schreibgewohnheiten der Heranwachsenden

---

[15] Unter Alltag werden hier ritualisierte Handlungen verstanden, die alltägliche Lebensvollzüge eines Individu-ums enthalten (vgl. Baacke 2007, S. 52).
[16] Vgl. Kapitel 5.1
[17] Merkmale computervermittelter Kommunikation siehe Kapitel 5.1
[18] Textkürzel, die einen bestimmten Emotionszustand ausdrücken (vgl. 4.2.1)

erhalten. Ob nun schriftlich in Klassenarbeiten oder als eine Abwandlung der Jugendsprache in der Peergroup.

Besonders soziale Medien, zu denen auch Social Network Sites wie Facebook, Myspace oder die VZ-Netzwerke (SchuelerVZ, StudiVZ, MeinVZ) gehören, sind bei Jugendlichen sehr beliebt. Im Durchschnitt nutzen 47 % der Jugendlichen das Internet zur Kommunikation in Online Communities oder über andere Social Software wie Instant Messenger. 70 Prozent der 12- bis 19-Jährigen haben auf diese Weise regelmäßig Kontakt (täglich/mehrmals pro Woche) zu anderen Freunden und Bekannten. Gut die Hälfte sendet und empfängt mit dieser Häufigkeit E-Mails, etwas mehr als ein Viertel tauscht sich regelmäßig in Chatrooms aus (MPFS 2009, S. 33f.). Somit besitzen Onlinedienste einen erheblichen Anteil an der Wirklichkeitskonstruktion der Jugendlichen, da diese über Kommunikation erfolgt.

Die durch Medien, wie Online Communities, begleitete Zuwendung zu jugendkulturellen Szenen stellt einen Akt der „Selbstsozialisation von Jugendlichen" dar (Baacke 2007, S. 42). Der Begriff Selbstsozialisation kennzeichnet Prozesse, die ein hohes Maß an „Selbst-organisation, Selbstregulierung und Eigenkonstruktivität" besitzen (Sutter 2010, S. 52). Komplementär zur Selbstsozialisation sind Prozesse der Fremdsozialisation, d.h. Institutionen oder Personen wie Eltern, Erzieher oder Ausbilder, die einen direkten Einfluss auf das zukünftige Verhalten von Kindern oder Jugendlichen nehmen wollen, damit diese ihr Handeln an einem bestehenden System von gesellschaftlichen Normen und Werten, wie das Gesetz oder politische Weltanschauung, orientieren (vgl. Sutter 2010, S. 52).

Selbstsozialisation hingegen charakterisiert einen Prozess, innerhalb dessen sich Individuen selbstständig Einstellungen und Verhaltensdispositionen aneignen, indem sie sich eigenständig aussuchen, mit welchen physikalischen, physiologischen und sozialkulturellen Lebenswelten[19] sie interagieren. Dieser Prozess erfolgt in drei Stadien: Zuerst weisen Kinder und Jugendliche sich selbst und ihrer Umgebung eigene Bedeutungen zu, um darauf hin für sich selbst eine individuelle Handlungslogik zu entwerfen. Auf dieser Grundlage formulieren sie letztendlich ihre eigenen Handlungsziele. Der Einfluss sozialen Gruppierungen und Kulturen wie Jugendszenen charakterisiert Selbstsozialisation nicht als Einzelaktivität, sondern als Gruppenprozess (vgl. Baacke 2007, S. 43). Während dieses Prozesses gleichen sie gesellschaftliche Werte und Normen mit den eigenen Überzeugungen ab, beurteilen ihr eigenes Handeln reflexiv, um anschließend ihre subjektiven Denk- und Deutungsschemata zu

---

[19] Für Menschen oder eine Gruppe die konstituierte reale Umwelt von Erfahrungen und Handlungsmöglichkeiten (vgl. Baacke 2007, S. 52).

modifizieren. Ein Subjekt wird dadurch zu einem selbstbestimmten, kritischen und gesellschaftlich handlungsfähigen Individuum.

Der Umgang mit dem Internet erfordert Medienkompetenz, da sie dazu befähigt, die Webinhalte adäquat und sozialverantwortlich zu nutzen. Medienkompetenz beinhaltet die Ebenen der „Medienkunde", „Mediennutzung", „Mediengestaltung" und „Medienkritik"[20] (Baacke 2007, S. 98-100). Der Medienumgang erfordert es, die benötigten verbalen und sozialen Fähigkeiten während der Sozialisation zu erwerben (vgl. Charlton 1997). Die Rezeptionsforschung bestätigt, dass Individuen die Medieninhalte nicht passiv rezipieren, sondern dass sie sie entsprechend ihrer Interessenslage und Geschmacksvorlieben, die je nach sozialkultureller Gruppierung variieren können, bewusst auswählen (vgl. Bourdieu 1982, S. 17ff.; Sutter 2010, S. 53). Damit stellt bereits die Rezeption von Medieninhalten durch die subjektive Wahrnehmung audiovisueller Reize einen konstruktiven Prozess dar. Auch wenn es beim Umgang mit Massenmedien zur Rezeption bereits vorgegebener Inhalte kommt, so wird dessen Bedeutung durch den Jugendlichen selbstständig konstruiert (vgl. Sutter 2010, S. 53). Juvenile Mediennutzung kennzeichnet, dass die Akteure die entscheidende Verantwortung während ihrer Selbstsozialisation übernehmen (vgl. Fromme u.a. 1999). Die Interaktivität in den Sozialen Netzwerken des Internets ermöglicht den Jugendlichen „vielfältige Eingriffs-, Gestaltungs- und Rückmeldemöglichkeiten […], was gleichzeitig neue Varianten der Medienkommunikation erzeugt (vgl. Wehner 1997, Sutter 2008). Durch ein umfassendes Arsenal an Social Software des Social Web wird den Heranwachsenden eine Mediennutzung ermöglicht, die sie individuell und in Kooperation mit anderen Internetusern gestalten können (vgl. Sutter 2010, S. 52).

---

[20] Vgl. Kapitel 6

2 Jugendliche im Social Web

Wie im vorherigen Abschnitt dargestellt, nimmt der Umgang von digitalen Medien einen wesentlichen Stellenwert im Alltag von Jugendlichen ein. In diesem Kapitel wird nun auf die Merkmale des Social Web eingegangen, in denen Jugendliche nicht nur miteinander kommunizieren, sondern auch persönliche Informationen austauschen und veröffentlichen. In diesem Zusammenhang wird zuerst der Begriff Web 2.0 und die damit verbundenen pädagogischen Hoffnungen erläutert, um danach detaillierter auf die Verwendung der Begrifflichkeiten des Social Web und der Social Software einzugehen, die Jugendliche für ihre Social Web Praktiken instrumentalisieren.

2.1 Web 2.0

Der Begriff Web 2.0 wurde erstmals von dem IT-Manager ERIC KNORR im Dezember 2003 in dem Artikel *2004 – The Year of Web Services* verwendet. Für ihn kennzeichnet das Web 2.0, in Anlehnung an SCOTT DIEZEN, dem technischen Direktor von BEA Systems, die sukzessive Ausgliederung von Netzwerkdiensten, wodurch das Internet zu einer universellen, standartbasierten Plattform wird, dessen Infrastruktur des Web 1.0 auf http, TCP/IP und HTML basiert.

Als Resümee der ersten *Web 2.0 Conference* im Oktober 2004 definiert TIM O'REILLY das Web 2.0 in dem Artikel *What is Web 2.0* als eine geschäftliche Revolution in der Computerindustrie, die auf der Auslagerung ins Internet als Plattform und dem Verstehen seiner Erfolgsregeln basiert (vgl. ebd.).

> *„Web 2.0 is the business revolution in the computer industry caused by the move to the internet as platform, and an attempt to understand the rules for success on that new platform. Chief among those rules is this: Build applications that harness network effects to get better the more people use them. (This is what I've elsewhere called "harnessing collective intelligence.")"* (O'Reilly 2010, Hervorheb. im Original).

Die Begriffserweiterung „2.0" suggeriert, in Anlehnung an die Weiterentwicklung eines Softwareprogramms, den innovativen Fortschritt der Onlinedienste und -anwendungen hinsichtlich ihres Funktionsumfangs und den daraus resultierenden Möglichkeiten für die Nutzer (vgl. Schmidt 2009, S. 11).

Beide Definitionen beinhalten außerdem den ökonomischen Aspekt des Outsourcings, bei dem vergleichbar mit dem Prinzip des Cloud Computings Arbeitsschritte von ganzen Unternehmensabteilungen oder Lerngruppen ins Internet verlagert werden. D.h. Datensätze und Textdokumente werden mittels Onlineanwendungen wie Google Docs kollektiv von mehreren Mitarbeitern eines Unternehmens oder Privatpersonen auf Servern verwaltet bzw. weiterentwickelt. O'REILLYs Formel „The Web as a platform" weist außerdem darauf hin, dass im Internet bzw. innerhalb des WWW, das selbst eine browserabhängige Anwendung ist, die sich der Infrastruktur des Internets (Servern und Computern) bedient, vermehrt Software bereitgestellt und weiterentwickelt wird. Desktopanwendungen, die auf dem Firmencomputer oder PC installiert sind, werden zunehmend zu browserintegrierten Anwendungen, die sowohl auf Datenbanken im Internet als auch auf Dateien des lokalen Computers zugreifen können. Als Beispiele dienen einerseits des Suchmaschinenanbieters Google, der Onlineanwendungen wie Google Docs und Google Kalender anbietet, die der Organisation des Tagesablaufes oder speziell für den Arbeitseinsatz konzipiert wurden. Ein weiteres Beispiel sind Webspace-Dienste, die den Usern Speicherplatz (derzeit bis zu 200GB) auf den Providerservern zur Verfügung stellen und ebenso wie die zuvor genannten Anwendungen globales Arbeiten im Internet möglich macht, ohne dabei an lokale Ressourcen wie den PC gebunden zu sein.

Das Web 2.0 ermöglicht es ebenfalls Webdienste miteinander zu kombinieren, „die auf technischen Standards für den Austausch von Daten zwischen Anwendungen beruh[en]" (Schmidt 2009, S. 13f.). So ermöglichen Application Programming Interfaces (API) Daten eines Dienstes wie Google Maps auf mehreren Plattformen wie holidaycheck.de einzubetten, auf dessen Seiten Nutzer Hotels bewerten und ihre Eindrücke durch Fotos veranschaulichen konnen.

In den Äußerungen von O'REILLY wird deutlich, dass das Web 2.0 neben dem Outsourcing von Anwendungen und der Kombination einzelner Webdienste im Wesentlichen als ein neues Geschäftsmodell konzipiert wurde. Das Konzept „the long tail" verweist darauf, dass im Internet die Erschließung bestimmter Nischenmärkte und die Befriedigung von speziellen Bedürfnissen wie Musik oder Filmen aufgrund der kostengünstigen Lagerung und Distribution dieser medialen Güter sehr lukrativ und profitabel zu sein scheint (Anderson 2006). Das Prinzip des „User-Generated Content" (UGC) kennzeichnet Medieninhalte, die nicht durch die professionellen Provider von Onlinediensten produziert werden, sondern in kreativer Eigenleistung durch den Internetuser selbst, der sie anschließend der Internetöffentlichkeit in sozialen Räumen wie Foren, Weblogs oder Online Communities präsentiert (vgl. Bauer 2010; OECD 2007, S. 9). Jugendliche nutzen derzeit vorzugsweise ihr Mobiltelefon, um Videos oder Fotos aufzunehmen und anschließend ins Netz hochzuladen. Nutzergenerierte Inhalte werden primär für non-kommerzielle Zwecke wie die Weitergabe an Freunde produziert. Allerdings versuchen einige Anbieter wie Myvideo den UGC zu monetisieren, indem sie ihn zu Werbezwecken nutzen[21]. BRUNS (2008) fast diesbezüglich drei Strategien bzw. Geschäftsmodelle zusammen: *„Harnessing the Hive"*[22], *„Harvesting the Hive"*[23], *„Hijacking the Hive"*[24], die die Vermarktung nutzergenerierter Inhalte beabsichtigen (S. 30ff., Hervorheb. im Original). Aufgrund dieser Modelle wird auch kritisch von „loser-generated content" gesprochen, bei dem der Produzent der Medieninhalte aufgrund der Vermarktung seines Erzeugnisses unfreiwillig zu einem „working consumer" wird (Peterson 2008; vgl. Kleemann, Voß & Rieder 2008).

Das dritte Merkmal von Web 2.0 zeigt sich am Wandel der computergestützten Interaktion und Kommunikation[25]. Der Computer wird von den Usern nicht mehr nur als Maschine zur Lösung von Rechenaufgaben verstanden, sondern er ermöglicht einen Zugang zu Wissen und Information, was auf Datenbanken wie Wikipedia bereitgestellt wird und zudem in Kollaboration weiterentwickelt wird. Der Grundstein zur hypertextuellen Verknüpfung von Daten und Dokumenten wurde bereits in den 1980er Jahren durch die Forschungsgruppe am Genfer Institut CERN gelegt. Jeder Nutzer bzw. jede Personengruppe, die Informationen ins Internet hochladen und mit anderen Inhalten verknüpft, wird zu einem potentiellen Sender, die an der Konstruktion von Öffentlichkeit partizipiert. Dieser Gedanke kann von zentraler Bedeutung für die Realisierung der Demokratie sein[26] (vgl. Habermas 1990). Das Web 2.0 enthält das Leitbild vom Internet als unabhängiges Medium, das einen „dezentralen und nicht kontrollierbaren sozialen Raum" darstellt, indem eigenen Normen und Formen der sozialen Organisation gelten, die sich gegen stattliche Kontrollen behaupten (Schmidt 2009, S. 20f.).

Während das Web 1.0 noch auf statischen und über lange Zeit bestehende HTML Seiten basierte, deren Inhalte nur durch technisch ausgebildete Web-Administratoren verändert werden konnten, so besitzen nun auch private Internetnutzer die Möglichkeit, eigene Webinhalte einzustellen und somit gleichzeitig die Struktur und das Angebot von Webdiensten wie dem WWW (World Wide Web) mitzugestalten. Das Web 2.0 führe somit

---

[21] Durch die Einverständniserklärung zur AGB willig jeder User allerdings ein, dass sein UGC zu wirtschaftlichen Zwecken verwendet wird. Die Erhebung, Speicherung und Weitergabe von personenbezogenen Daten muss auf einer Rechtsgrundlage wie § 4a BDSG nach Einwilligung des informierten Benutzers beruhen (Der Bundesbeauftragte für den Datenschutz und die Informationsfreiheit 2010).

[22] Rechte und der Arbeitsaufwand des Urhebers werden respektiert (vgl. Schmidt 2009, S. 17)

[23] Der nutzergenerierte Inhalt wird durch dritte weiter vermarktet, jedoch beteiligen sie sich nicht an der Weiterentwicklung (ebd.).

[24] Die Produzenten der Inhalte müssen bei der Medienpublikation ihre Rechte an den Betreiber abgeben, der daraufhin den Inhalt zu eigenen Zwecken nutzen darf, ohne den eigentlichen Urheber an möglichem Gewinn beteiligen zu müssen (ebd.).

[25] Siehe Kapitel 4.2

[26] Habermas fokussierte sich auf die politische Partizipation von Privatleuten Ende des 19. Jahrhundert, die sich in Kaffeehäusern und Clubs trafen, um mittels Zeitungen, Büchern und Briefen öffentlich zu räsonieren (vgl. Röll 2008, S. 86).

zu einer veränderten Wahrnehmung und Nutzung des Internets und seiner Anwendungen, die einerseits der Weiterentwicklung der individuellen Identität, der Kommunikation zwischen Einzelpersonen oder Gruppen sowie der Informationsverwaltung dienen[27]. Der Mediennutzer vollzieht im Zuge der interaktiven Nutzung des Internets einen Rollentausch. Er wird vom passiven Rezipienten bestimmter Medieninhalte zu einem aktiven Produzenten und Distributoren seiner eigenen Medienprodukte, falls eine monetäre Absicht besteht (vgl. Ertelt 2008, S. 51).

Zusammenfassend stellt der Begriff Web 2.0 eine Sammelbezeichnung für die innovative Entwicklung der Internettechnologien und der damit verbundenen Leitbilder des Erschließens neuer Wirtschaftszweige und Hoffnungen hinsichtlich der aktiven Partizipation einzelner Bevölkerungsgruppen am dynamischen, gesellschaftlichen Wandel dar. Allerdings ist der technologische und ökonomische Fortschritt, die durch den Zusatz 2.0 suggeriert wird, überwiegend ausgeblieben. Befürworter verweisen darauf, dass das Web 2.0 die Zusammenarbeit und den Austausch zwischen Personen sowie die Distribution von Inhalten verbessert (vgl. Tapscott & Williams 2007, S. 19). Einige Forscher warnen hingegen vor dem Verfall von Privatsphäre oder der Verbreitung von unvollständigen Information, die durch Laien auf Onlineenzyklopädien wie Wikipedia publiziert werden (vgl. Gaschke 2009; Lanier 2006). Aus technischer Perspektive existierten heutzutage populäre und häufig genutzte Web 2.0-Anwendungen wie Wikis, Weblogs oder Netzwerkplattformen bereits seit Ende der 1990er Jahre. Kommunikationsdienste wie E-Mail und Instant Messenger werden sogar seit der Vorstufe des Internets, Ende der 1960er Jahre, für den kommunikativen Austausch zwischen einzelnen Forschungsinstituten genutzt (vgl. Schmidt 2009, S. 14f.).

2.2 Social Web Plattformen und Social Software

Im Zusammenhang mit dem Phänomen Cybermobbing[28] werden zwei Konzepte auffällig, die im Gegensatz zum Begriff Web 2.0 mehr den sozialen Charakter von Onlineanwendungen und -diensten betonen und auf das interaktive Handeln seiner Nutzer hinweisen. Das Konzept „Social Software" kennzeichnet Anwendungssysteme, „die unter Ausnutzung von Netzwerk- und Skaleneffekten indirekte und direkte zwischenmenschliche Kommunikation (Koexistenz, Kommunikation, Koordination, Kooperation) auf breiter Basis ermöglichen und die Identität und Beziehungen ihrer Nutzer im Internet abbilden und unterstützen" (Koch & Richter 2009, S. 12). Der Begriff „Social Web" nach ELLERSBACH, GLASER & HEIGL (2008) umfasst

---

[27] Siehe Kapitel 3.4
[28] Siehe Kapitel 4

Software, die „den Informationsaustausch, den Beziehungsaufbau und deren Pflege, die Kommunikation und die kollaborative Zusammenarbeit in einem gesellschaftlichen und gemeinschaftlichen Kontext unterstützen, sowie den Daten, die dabei entstehen und den Beziehungen zwischen Menschen, die diese Anwendungen nutzen" umfasst (S. 31). Social Software stellt also die Werkzeuge dar, mit denen im Rahmen des Social Web agiert wird.

Beiden Begriffen ist gemein, dass sie das WWW als universalen Dienst des Internets charakterisieren und den sozialen Charakter betonen, der das interaktive Handeln seiner Nutzer fördert (vgl. Schmidt 2009, S. 21). Weil der Begriff Social Software ebenfalls Instant Messaging-Systeme und Diskussionsforen erfasst, erhalten beide Begrifflichkeiten im Gegensatz zum Begriff Web 2.0 den Vorzug bei der Analyse von Cybermobbing.

2.2.1 Netzwerkplattformen

„Formal wird ein Netzwerk definiert als ein Graph aus einer endlichen Menge Knoten und den Kanten zwischen ihnen. Ein soziales Netzwerk ist demnach ein Netzwerk, dessen Knoten soziale Akteure (Personen, Gruppen) sind und dessen Kanten die Verhältnisse der Akteure zueinander abbilden" (Kecskes & Wolf 1996, S. 34). Somit ist nicht die technisch-mediale Infrastruktur der Netzwerkplattformen, die zur Verwaltung der sozialen Beziehungen seiner Mitglieder dient, als soziales Netzwerk zu bezeichnen, sondern „[…]das Geflecht an mitei-nander verbundenen Akteuren […] (Schmidt 2009, S. 23).

Diese Netzwerke aus Individuen, die computervermittelt miteinander interagieren bzw. kommunizieren und dabei bestimmte Informationen wie persönliche Interessen und Vorlieben miteinander austauschen, realisieren sich folglich über ein System an interpersonalen Beziehungen (vgl. Keul 1993). Dabei wird Social Software wie E-Mail oder Instant Messenger von den Akteuren instrumentalisiert, um auf den Plattformen des Social Web onlinebasierend zu kommunizieren. Diesbezüglich sind der „Austausch von Profildaten und Alltäglichen ohne thematische Strukturierung" und die Selbstdarstellung des Users wesentliche Merkmale von „social networks" (Ertelt 2008, S. 54). Sozialer Netzwerke, in denen die Beziehungen zu den in der Kontaktliste gesammelten Freunden gepflegt werden, werden auch als "Freundesnetzwerke im Internet" bezeichnet (Neuß 2008, S. 17). Andere Webdienstleister wie Spickmich.de, Video-, Musik- oder Fotonetzwerke stellen hingegen Bewertungen in den Fokus des Interesses.

Netzwerkplattformen wie SchuelerVZ, Myspace oder Lokalisten stellen den Netzwerkakteuren[29] einen halb-öffentlichen Kommunikationsraum bereit, da der Zutritt zu diesem in sich geschlossenen virtuellen Areal eine Registrierung durch den Nutzer erfordert[30]. Demnach besteht die erste Tätigkeit in dem Erstellen eines Profils, das wie die meisten Betreiber empfehlen, wahrheitsgetreue, soziodemografische Informationen[31] über die eigene Person (Name, Alter, Wohnort, Schulbesuch etc.) enthalten sollte, um später auch von „Freunden" über eine integrierte Suchfunktion gefunden werden zu können. Netzwerkplattformen erhalten neben der Option, anderen Netzwerkmitgliedern, die das eigene Profil besuchen, persönliche und möglicherweise intime Informationen explizit zu präsentieren, vor allem auch die Funktion, soziale Beziehungen zu anderen Netzwerkakteuren zu schließen. So ist oftmals zu beobachten, dass Mitglieder der VZ-Netzwerke wie SchuelerVZ oder StudiVZ über eine enorme Anzahl von sog. „Freunden" in der Kontaktliste verfügen. ERTELT (2008) betitelt dieses Maß an geknüpften sozialen Beziehungen als „inflationär" bzw. das stetige Sammeln von neuen Kontakten als ein Akt der „Selbst-Verortung", der im Wesentlichen dazu diene, seinen sozialen Status aufzubessern (S. 54). So besteht die Möglichkeit, von einer prall gefüllten Kontaktliste fälschlicherweise auf eine interessante Persönlichkeit des Profilinhabers zu schließen. Die Kontaktliste würde dem entgegen nur Auskunft über die „Bestätigung von (online-) Bekanntschaften" geben (Ertelt 2008, S. 54).

Zu den Protagonisten sozialer Netzwerke gehören Personen oder Gruppen, deren Beziehungen und Interaktionen die Eigenschaften des Netzwerks bestimmen. Ausgehend von einer handlungsorientierten Perspektive beschreibt die Bezeichnung Akteure die Beteiligten als handelnde Individuen/Gruppen, wodurch auch Konzeptualisierungen von „Einfluss" und „Macht" innerhalb des Netzwerks möglich werden. Anhand von visualisierten Ver-knüpfungen der Beziehungen (wer kennt wen über wen?) ist es ihnen möglich, innerhalb des Freundes- und Bekanntennetzwerks zu navigieren und zu interagieren (vgl. Boyd & Ellison 2007; Richter & Koch 2008).

---

[29] Es wird von Akteuren gesprochen, weil diese aktiv und selbstständig Informationen über ihre Persönlichkeit online stellen und weil sie ebenfalls eigenverantwortlich entscheiden können, welche neuen sozialen Be-kanntschaften bzw. -kreise sie autorisieren, mit ihnen in Kontakt treten zu dürfen.

[30] Vgl. Kapitel 5.5

[31] Soziale Verzeichnisse wie StudiVZ enthalten eine Verwaltungsebene mit den Kategorien „Account", „Allge-mein", „Kontakt", „Persönliches" und „Arbeit". Innerhalb dieser Abschnitte kann jeder Profilinhaber nach Belieben Informationen wie das Alter, Hobbies, Vorbilder, die Art der Ausbildung und weitere kulturelle Vorlieben wie Lieblingsfilme oder -fotos einfügen und verwalten. Ebenfalls kann das Profil durch weitere Apps (Applikationen) wie Newsticker oder eine Onlinezeitung personalisiert werden.

14

Zu den international populärsten Netzwerkplattformen zählen Facebook und Myspace, während im deutschsprachigen Raum die Jugendlichen besonders Plattformen wie SchuelerVZ, StudiVZ oder MeinVZ (VZ-Gruppe) für die Beziehungspflege nutzen. Insgesamt lassen sich alle Netzwerkplattformen einer bestimmten Zielgruppe zuordnen. So sind die VZ-Netzwerke besonders bei Schülern und Studenten gefragt, während andere auch Lokalisten bevorzugen. Neben diesen Plattformen, die besonders auf den persönlichen Austausch und die Pflege von Beziehungen ausgelegt sind, richten sich Plattformen wie XING an Berufseinsteiger bzw. Berufstätige, die über diesen Weg ihre beruflichen Qualifikationen in einem Netzwerk von Bewerbern und Stellenausschreibungen der Unternehmen inserieren. Im Prinzip gibt es für jede Zielgruppe bzw. jede soziale Gruppierung eine äquivalente soziale Netzwerkplattform im Internet[32].

Netzwerkplattformen wie StudiVZ, SchuelerVZ, wer-kennt-wen.de oder MeinVZ bzw. Multimedia-Plattformen wie MyVideo gehörten bereits im Juni 2009, gemessen an der Zahl der Seitenaufrufe (Visits) und den Page Impressions (PI), zu den meist genutzten Social Web Angeboten hinter dem T-Online Content (IVW 2010; HORIZONTstats 2010). Gründe für diese hohen Nutzungszahlen liegen in den Profilabrufen, um User-Generated Content wie Fotos oder Videos anzuschauen bzw. aufgrund von plattforminternen Kommunikation wie Werkzeuge wie E-Mail, Chat oder Einträge in Subgruppen, in denen sich einzelne Mitglieder über ein spezielles Thema austauschen. Im September 2010 belegten die Angebote der VZ-Gruppe zwar weiterhin Platz 2, allerdings ist die Anzahl ihrer Visits um ca. 39,8 Millionen (9,2%) im Vergleich zum Vorjahr zurückgegangen (Neises 2010). Kommunikation ist für Jugendliche das zentrale Motiv, um Social Software, aber auch vermehrt Online Communities zu nutzen. Fünfundachtzig Prozent der Internetnutzer suchen solche Angebote zumindest selten auf. Das ist im Vergleich zu 2008 ein Anstieg um zwölf Prozentpunkte. Die regelmäßige Nutzung von Online Communities, d.h. täglich/ mehrmals pro Woche, ist hingegen zwischen den Jahren 2008 und 2009 im Durchschnitt um 15% gestiegen. Davon mehr Mädchen als Jungen und zu einem größeren Anteil Jugendliche mit einer höheren Bildung. Fünfzehn Prozent der Internetuser sind in keinerlei Online-Community eingebunden (MPFS 2009, S. 45).

Wird im Internet von Social Networks oder sozialen Netzwerken gesprochen, fällt oftmals auch der Begriff der Online Community. Beide Begriffe besitzen allerdings nicht die gleiche Bedeutung. Social Networks definieren sich über die Menschen, die es verkörpern. Diese

---

[32] Unter diesem Link findet sich eine nicht repräsentative Auflistung von Social Network Plattformen: http://en.wikipedia.org/wiki/List_of_social_networking_websites [Stand 10.10.2010].

nutzen eine bestimmte Technik, in diesem Fall das Internet, um miteinander in Kontakt zu treten und zu kommunizieren. In Bezug auf das Internet erfolgt die Kommunikation computer-vermittelt. Somit können sich in der Realität als auch in der Virtualität einzelne Personenkreise, d.h. einzelne soziale Netzwerke, zu einem komplexen Netzwerk zusammenschließen. Online Communities hingegen sind Internetgemeinschaften, die sich über ihren Inhalt definieren. Dieser Inhalt kann aus der Kommunikation mit Freunden, aus der Information über Aktivitäten des eigenen sozialen Netzwerks oder anderer Mitglieder bestehen. Gemeinschaften von Internetusern, die sich zu bestimmten Themen wie Musik, Politik oder Mode im Internet organisieren, können somit ein soziales Netzwerk darstellen. Ein Social Network muss allerdings nicht zwangsläufig auch eine Online Community sein, da es primär um die Konversation über digitale Medien von sich gegenseitig bekannten Personen geht.

2.2.2 Multimediaplattformen

SCHMIDT (2009) ergänzt die Plattformen des Social Web um *„Multimedia-Plattformen"*, bei denen überwiegend „das Publizieren bzw. Rezipieren von multimedialen Inhalten im Vordergrund [steht], auch wenn diese Angebote oft mit Funktionen von Netzwerkplattformen angereichert sind [...]" (S. 23, Hervorheb. im Original). Den Nutzern ist es also ebenfalls wie auf Social Network Sites möglich, ein eigenes Profil zu erstellen und Beziehungen zu anderen Plattformmitgliedern aufzubauen, indem sie diese hinzufügen oder jemanden autorisieren, in dessen Kontaktliste aufgenommen werden zu dürfen.

Auf solchen Multimedia-Plattformen ist es möglich, ein bestimmtes Format zu rezipieren bzw. selbst zu veröffentlichen. Auf YouTube werden überwiegend kurze Videos, Fernsehmitschnitte oder Diashows von Fotos angeboten, während bei Flickr ausschließlich Fotos zu finden sind. Auch auf Plattformen wie Slideshare, auf der Präsentationen zu wissenschaftlichen und privaten Themen angeboten werden, kann UGC hochladen und veröffentlichen werden. Dies allerdings nur uneingeschränkt, wenn das Urheberrecht anderer Künstler nicht verletzt wird. Das Anbieten dieser Medieninhalte ist ansonsten nur auf Länder beschränkt, in denen die Plattformprovider über die nötigen Lizenzen verfügen[33]. Des Weiteren werden auch Audiodateien auf Plattformen wie Deezer angeboten, die allerdings

---

[33] Seit dem Urheberrechtstreit zwischen YouTube und der GEMA um die Online-Verwertungsrechte von Video- und Musikstücken sind Medieninhalte, die gegen die Auflagen verstoßen nur noch in wenigen Ländern eingeschränkt verfügbar. Die GEMA versucht derzeit die Löschung von 75 Titeln gerichtlich zu erzwingen (Spiegel Online 2010).

ausschließlich durch den Betreiber ergänzt und verwaltet werden. Der private Internetuser erhält hier nur die Möglichkeit, Medieninhalte zu rezipieren.

Die prototypischen Anwendungen des Social Web, zu denen Plattformen und auch die in den folgenden Abschnitten dargestellte Social Software gehört, besitzen eine hybride Ausstattung und Funktionsweise. So beinhalten Plattformen wie SchuelerVZ auch Weblogs[34] oder interne Messenger, mit denen die Akteure kommunizieren können. Die vorherige kategorische Trennung erfolgte nur zu analytischen Zwecken.

2.2.3 Weblogs/ Podcasts/ Videocasts

Zur Social Software gehören neben „Weblogs" auch „Podcasts" (Audioinhalte) oder „Videocasts" (audiovisuelle Inhalte), mittels dessen private User wie Jugendliche ebenfalls ihre eigenen Inhalte veröffentlichen können (Kantel 2008, S. 21-30; vgl. Menduni 2007). Weblogs, die Tagebücher im Internet, werden überwiegend mit persönlichen Eindrücken und Erfahrungen der Urheber gestaltet, anstatt das es sich um professionellen Content durch Journalisten handelt. SCHMIDT (2009) bezeichnet diese Formate als „Personal Publishing" (S. 24). Er weist jedoch auch darauf hin, dass die Grenzen zwischen „personal" und „professional content" sukzessiv verschwinden, weil auch Unternehmen Formate wie Weblogs für ihre Zwecke nutzen (vgl. ebd.).

2.2.4 Wikis/ Instant Messaging

Ebenfalls zur Social Software gehören „Wikis". Dies sind Browseranwendungen, die mittels Hypertext-Dokumenten mit anderen Seiten verlinkt und durch mehrere Internetnutzer editiert, rezensiert und verwaltet werden. Der Begriff stammt von dem hawaiianischen Adjektiv wikiwiki ab und bedeutet „schnell" (vgl. Kantel 2008, S. 23). Das populärste Wiki ist die freie Enzyklopädie Wikipedia.

Hinzu kommen „*Instant Messaging*" Anwendungen wie ICQ, MSN oder Skype, die eine synchrone Kommunikation zwischen ihren Nutzern ermöglichen (Schmidt 2009, S. 25, Hervorheb. im Original). Instant Messenger (IM) sind Clients, die der sofortigen Nachrichtenübermittlung zwischen zwei oder mehreren Individuen dienen. Diese Anwendungen können entweder als Softwareanwendung auf der Festplatte des PC installiert oder als browserintegrierte Webapplikation verwendet werden. Der User entwirft einen

---

[34] „Weblogs" sind Tagebücher im Internet, die von einem festen Autorenkreis bearbeitet werden, zu dessen Inhalten Kommentare von externen Benutzern verfasst werden können und bei dessen chronologischer Auflistung der aktuellste Eintrag am Zeilenkopf steht (Kantel 2008, S. 26f.).

eigenen Nickname[35] bzw. einen Avatar[36], über den ihn seine Freunde und Bekannte im Netzwerk des IM-Betreibers finden können. Jeder User muss daraufhin den neuen Kontakt autorisieren, um mit ihm zu chatten, d.h. in Echtzeit mittels Textnachrichten zu kommunizieren oder Dateien über den Webserver miteinander auszutauschen. Im Gegensatz zum eigentlichen Chatten, das in einem Chatroom stattfindet, in dem mehrere Nutzer gleichzeitig anwesend sind und miteinander kommunizieren, erfolgt das Chatten bei IM nur im sozialen Netzwerk, d.h. zwischen den Netzwerkmitgliedern, die über ein Pseudonym in der Datenbank des Instant Messenger Betreibers registriert sind.

2.2.5 Netiquette

Auf allen Netzwerkplattformen, Online Communities und bei der Verwendung bestimmter Social Software handeln die Mitglieder kollektiv bestimmte Verhaltensregeln aus, die den respektvollen Umgang wahren sollen. Es wird dabei auch von „Netiquette" gesprochen, die das soziale Miteinander im Internet regelt (Spaiser 2010, S. 2). Der Begriff setzt sich zusammen aus den Substantiven network und Ettiquette, womit „die Gesamtheit der allgemeinen oder in einem bestimmten Bereich geltenden Umgangsformen" eines Netzwerks gemeint sind (Spaiser 2010, S. 3). Dazu zählen beispielsweise Umgangsformen im Rahmen einer Netzwerkplattform. Die Notwendigkeit von Netiquette ist durch die soziodemografische, kulturelle Diversität (Alter, Geschlecht, soziale Schicht, Wissenstand) begründet, die vermehrt zu kommunikativen Missverständnissen und Konflikten zwischen den Internetusern führt. Zu den zehn Grundregeln der Netiquette zählen: (2) „Handle online nach den gleichen Werten, denen du auch im richtigen Leben folgst"; (3) „Wisse immer, wo du dich im Cyberspace befindest"; (4) „Respektiere die Zeit und Übertragungskapazität anderer"; (5) „Sorge dafür, dass du online gut aussiehst"; (6) „Lasse andere an deinem Wissen teilhaben"; (7) „Hilf", „flame wars" unter Kontrolle zu halten"; (9) „Missbrauche nicht deine Rechte"; (10) „Vergib' anderen ihre Fehler" (dies. 2010, S. 4). Leitsätze wie (1) „Vergiss nie, dass Onlinekommunikation zwischen Menschen abläuft" oder (8) „Respektiere die Privatsphäre anderer User" stellen einen Teil eines Regelwerks dar, um verantwortungsvolle Webkommunikation zu sichern (dies. 2010, S. 4). Besonders wenn diese persönliche und intime Informationen enthält.

---

[35] Nicknames sind Spitznamen der Nutzer, die ihre wahre Identität verschleiern oder eine neue unter Verwendung eines Pseudonyms konstruieren (vgl. Brockhaus 2006).

[36] „Avatare sind in virtuellen Welten die grafische Darstellung des Benutzers als animierte Person. In der Gestalt eines Avatars kann der Benutzer z. B. an Spielen (Second Life) teilnehmen und in deren Verlauf seine Gestalt verändern oder weiterentwickeln" (Brockhaus 2006).

2.3 Social Web Praktiken

Im vorherigen Abschnitt wurden einzelne Social Web Anwendungen und Dienste getrennt voneinander analysiert. Diese Trennung ist allerdings nicht auf ihre Verwendung bzw. ihre Nutzungsweisen im Social Web zu übertragen. Bestimmte Social Software und Dienste diffundieren teilweise miteinander, da sie gleiche Funktionsweisen besitzen und in bestimmten Nutzungskontexten, wie auf Social Network Sites, miteinander verknüpft sind. Der Fokus richtet sich nun auf ihre kollektiven Nutzungsweisen, mit denen auch die partizipatorischen Rollen des Internetusers verbunden sind.

SCHMIDT, LAMPERT und SCHWINGE (2010) differenzieren zwei Nutzungsvarianten: die „*aktiv-gestaltende* Nutzung" von Social Web Anwendungen (wie das Hochladen von Videos oder Verfassen eines Beitrages in einem Weblog) und die „*passiv-rezipierende* Nutzung" von Medieninhalten, die durch andere User veröffentlich werden (S. 255, Hervorheb. im Original). Eine strikte Trennung zwischen beiden Nutzungsweisen bzw. Personengruppen, die entweder aktiv-gestaltend oder passiv-konsumierend handeln, sei allerdings nicht möglich (vgl. ebd.). Das zeigt sich insbesondere an der Benutzergruppe, die im Internet sowohl aktiv-gestaltend als auch passiv-rezipierend handelt. So aktualisiert beispielsweise ein Mitglied einer Online Community täglich sein Profil auf der Social Network Site, außerdem schaut er sich zur Unterhaltung auch noch Videos auf YouTube an. Diese Nutzergruppe werden als „Prosument" betitelt, was ihre gleichzeitige Rolle als Produzent und Konsument betont (Grimm & Rhein 2007, S. 152f.).

Die Ergebnisse der JIM-Studie 2009 zeigen, dass der Anteil der aktiv-gestaltenden im Vergleich zu den passiv-konsumierenden jugendlichen Internetnutzern deutlich geringer ist[37] (MPFS 2009, S. 35). So verfassen zwölf Prozent der Heranwachsenden mindestens mehrmals pro Woche Einträge in Foren oder Newsgroups, acht Prozent stellen mit dieser Häufigkeit Fotos oder Videos online, sechs Prozent laden Musik hoch. Im Vergleich zur ARD/ ZDF-Online Studie 2007 ist somit die Zahl der juvenilen Videoproduzenten bzw. audiovisuellen Medienveröffentlichungen von sechs auf acht Prozent gestiegen (vgl. Gescheidle & Fisch 2007, S. 401). Noch seltener werden eigene Post auf Twitter (4%), Weblogs[38] (4%), in Enzyklopädien oder Podcasts (je 1%) gemacht. Auch die Differenzierung nach Geschlecht oder Alter der Jugendlichen fördert kaum Nutzungsunterschiede zu Tage. Insgesamt

---

[37] Allerdings sind in diesen Ergebnissen die Aktivitäten in Online Communities ausgenommen.

[38] Laut empirischen Untersuchungen wie der ARD/ZDF-Online-Studie 2007 würden 76% Weblogger nur Informationen abrufen, während 24% regelmäßig Kommentare und eigene Beiträge produzieren (Gescheidle & Fisch 2007, S. 401).

produziert und publiziert nur ein Viertel der Jugendlichen regelmäßig UGC im Netz (mindestens einmal pro Woche: 37%) (MPFS 2009, S. 35).

Eine Erweiterung der Typologie zwischen aktiven und passiven Nutzern des Social Web haben die SWR Medienforschung und das Medienforschungsinstitut „result" vorgenommen. Sie beziehen die Dimension des Publikums mit ein, das sowohl innerhalb eines kleineren Personenkreises mit einer festgelegten Anzahl an Kommunikationspartnern „individuelle Kommunikation" bzw. „öffentliche Kommunikation" betreibt, wobei letztere eine potentiell unbegrenzte Anzahl an Teilnehmern erreichen kann (vgl. Gerhards, Klinger & Trump 2008). In diesem zweidimensionalen Modell ergeben sich acht, teilweise überschneidende Nutzertypen, die sich jeweils zwischen den vier gegenüberstehenden Polen: aktiv vs. passiv sowie individuelle vs. öffentliche Kommunikation einordnen. Zu den Typen der aktiv-gestaltenden Nutzer zählen die „Produzenten", „Selbstdarsteller", „Profilierte", „Spezifisch Interessierte", „Netzwerker" und „Kommunikatoren", während die Gruppe der „Infosucher" und „Unterhaltungssucher" zu den passiv-rezeptierenden Nutzern zählen (ebd.).

Abb. 1:

Typologie der Web 2.0-Nutzer (Gerhards, Klingler & Trump 2008, S. 139).

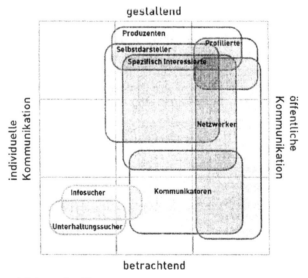

- ☐ Aktiv partizipierender Nutzer
- ☐ Passiv partizipierender Nutzer

Grafik: result

20

Die aktiv partizipierenden Nutzergruppen unterscheiden sich lediglich von einander, weil sie sich wie die Netzwerker einer breiteren Öffentlichkeit zuwenden bzw. Selbstdarsteller eher gestaltend agieren. Letztendlich weist das gesamte Modell durch den Einbezug der Publikumsdimension und des Öffentlichkeitsgrades von Social Software auf die sozialen Komponenten von Social Web Praktiken hin. Es zeigt auch, dass die Onlinenutzer bestimmte aktive bzw. passive Rollen einnehmen können, die sich partiell überschneiden. Neben dem Öffentlichkeitsgrad bestimmter Anwendungen gibt es allerdings keine Auskünfte über die Fähigkeiten und Fertigkeiten, die die Internetuser während ihren Handlungen im Social Web anwenden müssen, um kompetent zu agieren.

Diese Kompetenzen versucht SCHMIDT (2009) durch die analytische Kategorisierung von drei „Handlungskomponenten von Social-Web-Praktiken" herauszuarbeiten, die sich an den Nutzerintentionen und den daraus resultierenden Verwendungsweisen von Social Software im Social Web orientieren (S. 71-103; Schmidt, Lampert & Schwinge 2010, S. 261).

Abb. 2:

Handlungskomponenten im Social Web (Schmidt, Lampert & Schwinge 2010, S. 261).

Handlungs-komponente	Tätigkeiten	Beispiele
Identitäts-management	(selektives) Präsentieren von Aspekten der eigenen Person (Interessen, Meinungen, Wissen, Erlebnisse …)	Ausfüllen einer Profilseite; Erstellen eines eigenen Podcasts
Beziehungs-management	Pflege von bestehenden und Knüpfen von neuen Kontakten	Bestätigen oder Annehmen von Kontaktgesuchen; Verlinken von anderen Weblogeinträgen
Informations-management	Auffinden, Rezipieren und Verwalten von relevanten Informationen	Einordnen von Informationen aus Wikis; Taggen einer Website; Abonnieren eines RSS-Feeds; Bewerten eines Beitrags (z.B. durch Punktevergabe oder Kommentieren)

Die erste Ebene des „Identitätsmanagement" kennzeichnet die Tätigkeiten des Selektierens und Präsentierens von persönlichen Informationen wie Interessen, Meinungen, Wissensbeständen oder Erlebnissen (ebd.). Die Ebene „Beziehungsmanagement" ist hingegen durch die Pflege von bestehenden Beziehungen bzw. durch das Knüpfen neue Kontakte charakterisiert (ebd.). Die Ebene des „Informationsmanagement" bezeichnet Tätigkeiten, die der Suche, der Rezeption und das anschließende Verwalten von Informationen dienen (ebd.). Allen drei Begriffen ist der Zusatz „-management" gemein. Diese Ergänzung beruht auf der Annahme, dass beispielsweise Jugendliche als aktive Nutzer im sozialen Kontext des Social Web eigenständig handeln und regelmäßig, zum Teil routiniert neue Informationen verwalten. Daraus ergeben sich wiederum unterschiedliche Anforderungen an die Individuen und ihre Handlungsausrichtung, die mit einer Differenzierung zwischen der „Selbst-, Sozial- und Sachauseinandersetzung korrespondieren" (Schmidt 2009, S. 72; Paus-Hasebrink, Schmidt & Hasebrink 2009). Die drei Ebenen werden nun detaillierter erörtert, da sie zeigen, aus welchen Motiven Jugendliche in Social Networks handeln.

2.3.1 Identitätsmanagement

Auch das Medium Internet trägt zu heutigen Individualisierungsprozessen und damit verbunden zur Thematisierung des Selbst bei. Es vermittelt „wichtige Identitätsressourcen wie Rollenmuster oder gesellschaftlich-kulturelle Leitbilder [...] [und bietet ebenfalls] Ansatzpunkte für Selbstreflexion", wodurch besonders Internetanwendungen zum Identitätsmanagement instrumentalisiert werden (Schmidt 2009, S. 75f.). Die Hürden sein Selbst zu präsentieren, sind im Social Web bedeutend kleiner als in vergleichbaren Massenmedien wie TV, auch wenn die Anzahl der Teilnehmer höchstwahrscheinlich geringer ist (vgl. ders. 2009 S. 76). Konstruktion von Identität ist nicht mehr wie in der Identitätsgenese auf den Transfer zwischen „psycho-sozialen Moratorium der Adoleszenz" und dem Erwachsenenalter begrenzt, sondern Identitätsbildung ist ein lebenslanger Prozess (Erikson 1970). Die Rede ist von sog. „Identitätsprojekten", in denen entweder bestimmte Zielzustände bzw. Lebensvorstellungen durch das Individuum im Aushandlungsprozess mit der sozialen Umwelt realisiert oder bereits existierende Zustände stabilisiert werden (Schmidt 2009, S. 74; vgl. Siegert & Chapman 1987).

Identitätsmanagement im Social Web ist auf vielfältige Weise möglich. Dazu zählen das Erstellen eines eigenen Profils auf einer oder mehreren Netzwerkplattformen, die Zugehörigkeit zu bestimmten thematischen Gruppen (Online Communities), das Veröffentlichen und Verlinken eines Videos, das der Internetuser selbst produziert hat (meist Handyvideos, die aufgrund ihrer minimalen Größe zwar schnell online zu stellen sind, allerdings wegen ihrer geringen Auflösung und laienhaften Produktion oft amateurhaft wirken) oder das Einfügen eines Musikvideos seines Idols in einen eigenen Weblog oder in den der Netzwerkcommunity. Anhand dieser Informationen, die den Mitgliedern der Internetgemeinde präsentiert werden, können diese nun Rückschlüsse auf die individuellen kulturellen Präferenzen, d.h. Interessen, Werte- und Normvorstellungen des Senders erhalten bzw. die Informationen kontextgebunden interpretieren. Die Selbstpräsentation im Social Web bewirkt also eine veränderte Wahrnehmung der eigenen Identität durch die anderen Onlinerezipienten.

Der Grad wie oft ein Individuum Identitätsmanagement betreibt, lässt sich neben dem aktiven, routinierten Publizieren von Informationen auch vom strukturellen und zeitlichen Rahmen ableiten, in den Selbstdarstellungen veröffentlicht werden (Schmidt 2009, S. 77). D.h., wie akribisch und regelmäßig User einen eigenen Blog (wie auf Twitter) pflegen oder sie Profilinformationen auf ihrer Netzwerkplattform aktualisieren. Des Weiteren lässt auch die Qualität eines Beitrages externe Schlussfolgerungen der Rezipienten über die Intentionen des Urhebers zu. Ein beispielsweise eher aufwendig und professionell produziertes Video, das auf Videoplattformen in einer künstlerischen Kategorie publiziert wird, lässt den Schluss zu, dass sich der Urheber besonders für das Filmen und Erstellen von künstlerischen Materials interessiert bzw. viel Zeit in sein Hobby investiert.

Durch die rasche Informationsverbreitung im Internet besteht für den Urheber allerdings nicht nur die Möglichkeit in kürzester Zeit eine potentiell unbegrenzte Anzahl von Rezipienten zu erreichen (wenn Informationen auf einer komplett öffentlichen Plattform verbreitet werden), sondern es besteht gleichzeitig auch die Gefahr, die Kontrolle über die Publikationen bzw. die Anzahl an Rezipienten zu verlieren. Besonders jugendlichen Internetusern ist die Reichweite und mögliche Wirkung bestimmter privater und intimer Informationen nicht bewusst. Im Zuge der Medienwirkungskompetenz[39] ist es erstens erforderlich, im Vorfeld reflexiv und sozialverantwortlich zu selektieren, welche privaten Informationen zur eigenen Person und von bekannten Freunden im Web publiziert werden sollen. Zweitens müssen die Urheber entscheiden, welche Informationen sie welcher Öffentlichkeit im Internet präsentieren möchten. Visuelle Medieninhalte wie Partyfotos auf einer Social Network Site, auf dem der Profilinhaber betrunken dargestellt wird, könnten die Wahrnehmung der eigenen Identität durch externe Personen, zu denen auch der potentielle Arbeitgeber gehört, verzerren oder gar schaden.

Ob die Nutzer eine authentische Selbstdarstellung im Social Web betreiben, hängt partikular von ihrer eigenen Erwartungshaltung bzw. den Anforderungen durch die einzelnen Provider ab, die sie in ihren Nutzungsbedingungen formulieren. So empfehlen die VZ-Netzwerke wie SchuelerVZ, auch bei der Online-Repräsentation wahrheitsgetreue, persönliche Angaben zur

---

[39] Vgl. Kapitel 4.5.1

Person wie den Namen oder das Alter anzugeben, um von Freunden besser gefunden werden zu können. Diese Erwartungen, die bei Plattformbetreibern immer auch an finanzielle und wirtschaftliche Aspekte wie die Datenanalyse zu Zwecken personenbezogener Werbung geknüpft sind, werden durch einen Großteil der jungen Akteure gebrochen. Neben dem Pflegen von Freundschaften gehört die Konstruktion einer oder multipler Identitäten[40] für Jugendliche zu den wesentlichen Anreizen, Kommunikationsplattformen wie Myspace oder Facebook zu nutzen. Sie wollen Facetten ihres Selbst darstellen. Diesbezüglich werden allerdings auch viele „Fake-Identitäten" konstruiert, für dessen Erschaffung Motive wie die Präsentation eines idealisierten Selbst oder die Umgehung bestimmter Restriktionen eines Portals (Mindestalter bei einer Anmeldung), dienen (Döring 2003, S. 344; vgl. Schmidt 2009, S. 80).

2.3.2   Beziehungsmanagement

Wie der Publikumsaspekt bei der Thematisierung des Selbst in onlinebasierenden sozialen Netzwerken zeigt, bedingen sich Identitätsmanagement und Beziehungsmanagement gegenseitig. So kann der Beziehungsstatus auf sozialen Netzwerkplattformen ein Indiz für externe Betrachter sein, um den Wahrheitsgehalt der online präsentierten Identität anhand der Freundesanzahl abzuleiten (vgl. Schmidt 2009, S. 81-83).

Heutzutage ist ein Trend zu beobachten, dass die Zugehörigkeit zu sozialen Netzwerken für die Berufswahl oder die Kommunikation und Freizeitgestaltung mit Freunden immer mehr an Relevanz gewinnt. Dazu trug u.a. das Leitbild des „networked individualism" bei, das Auswirkungen auf die soziale Organisation hat (Wellman 2001, 2004). Bereits SIMMEL (1992) formulierte, dass in funktional differenzierten Gesellschaften die Individualität jedes Menschen in der individuellen Kombination bestimmter sozialer Beziehung und der daraus resultierenden eigenen Position als Knotenpunkt und Verbindung mehrerer Personenkreise entsteht. Zu den Ursachen für die steigende Vernetzung einzelner Individuen zählt neben den Veränderungen der sozialen, zeitlichen und räumliche Paradigmen von Interaktion[41], auch die „Mediatisierung", d.h. die Durchdringung gesellschaftlicher, sozialer, kultureller und ökonomischer Lebensbereiche durch mediale Kommunikation (vgl. Krotz 2007; Schmidt 2009, S. 85). Die Medien bzw. Social Software werden zunehmend für die Beziehungspflege durch die User instrumentalisiert. Das Beziehungsmanagement findet nicht mehr in Face-to-

---

[40] Jugendliche Internetuser konstruieren meist mehrere Identitäten auf onlinebasierenden Netzwerkplattformen. So sind besonders der Kontext und die Intention des Konstrukteurs dafür entscheidend, wie er sich einem bestimmten Publikum präsentieren möchte. Zur Anonymisierung der Identitäten dienen Nicknames oder Avatare.
[41] (vgl. Schmidt 2009), siehe Kapitel 3.2.2 und 4.2

Face Situationen statt, sondern verlagert sich in die sozialen Netzwerke des Social Web. Kulturökonomisch einerseits, um berufliche Kontakte auf Online-Plattformen wie XING zu knüpfen oder um private Beziehungen wie Partnerschaften oder Freundschaften herzustellen und zu erhalten. Das Netzwerken bzw. das Beziehungsmanagement ist damit nicht zwingend auf bestimmte Inhalte begrenzt, sondern Medien werden primär dazu eingesetzt, um jegliche Art von Relation zwischen Individuen zu pflegen. Die Wahl des Mediums innerhalb des Metamediums Internet, d.h. welche Angebote und Anwendungen verwendet werden, um zwischen einzelnen oder mehreren Individuen computervermittelt zu kommunizieren, hängt von den „technischen Eigenschaften (affordances[42]) [ab], die in Kombination mit sozialen Konventionen und Erwartungen (also Verwendungsregeln[43]) sowie den Merkmalen einer gegebenen Beziehung (also relationalen Aspekten)" einzelner Medienkanäle, bestehen (Schmidt 2009, S. 87). Je nach Passung zwischen Intention und Ausstattung werden adäquate Orte, Dienste und Anwendungen zum Beziehungsmanagement instrumentalisiert. Die Kanäle können zudem eine bestimmte Erwartungshaltung beim Nutzer wecken, wenn beispielsweise mobile Kommunikationsmittel mit ständiger Verfügbarkeit assoziiert werden[44].

Neben den Anforderungen, die Netzwerkplattformbetreiber hinsichtlich der Authentizität von nutzerbezogenen Daten stellen, bestehen beim Beziehungsmanagement ebenfalls Erwartungen bezüglich der Umgangsformen auf einzelnen Kanälen. Jugendliche treffen sich zwar hauptsächlich in sozialen Räumen wie SchuelerVZ, um mit ihrer Peergroup „abzuhängen" (vgl. Boyd 2009). Andererseits ist auch das Hinzufügen neuer Kontakte gewünscht, wobei nach bestimmten Regeln agiert wird. Es gilt im Allgemeinen als unhöflich, Freundschaftsanfragen abzulehnen, auch wenn sie nicht dem regionalen Freundeskreis entspringen. Das Entfernen bereits explizit gemachter sozialer Beziehungen ist ebenso verpönt, da es einerseits bei Beziehungsmanagement um die Festigung sozialer Kontakte geht und andererseits, weil eine bestimmte Anzahl an Freunden auch immer einen gewissen Beliebtheitsgrad bzw. eine Popularität suggeriert (vgl. Golbeck 2007; Schmidt 2009, S. 88f.). Sozialpsychologische Experimente auf der Netzwerkplattform Facebook zeigen außerdem, dass das Design eines Profils sowie die darauf befindlichen Kommentare von externen Usern zur Einschätzung der Persönlichkeitsmerkmale des Accountinhabers verwendet werden (vgl. Walter et al. 2008).

---

[42] Alle technischen Möglichkeiten, um soziale Beziehungen zu artikulieren, einschließlich der Funktionen Beziehungsnetzwerke zu visualisieren und somit navigierbar zu machen (Schmidt 2009, S. 89-93).
[43] Siehe auch Netiquette in Kapitel 3.2.2
[44] Bei vielen Jugendlichen sind beispielsweise Instant Messenger als Hintergrundprozess aktiv, selbst wenn diejenige Person nicht online aktiv oder bereit zur synchronen Kommunikation ist.

2.3.3 Informationsmanagement

Heutige Gesellschaften zeichnen sich durch einen Trend zur „Informatisierung" aus (vgl. Castells 2001; Schmidt 2009, S. 95). Das heißt, dass ähnlich wie beim Konzept der Mediatisierung alle Lebensbereiche, von der Öffentlichkeit auf der Arbeit bis in die Privatheit des Eigenheims, von Informationstechnologien durchdrungen sind. Diese Entwicklung hat einerseits Auswirkungen auf Formen sozialer Organisation und andererseits auf die zunehmende Verwertung von Informationen (anstatt materieller Güter).

Im Social Web werden sukzessiv die Informationen ganzer Bevölkerungsgruppen abgespeichert, ausgetauscht und verbreitet. Sowohl Daten über einzelne Profilinhaber auf Facebook als auch über ganze Wirtschaftszweige, die onlinevermittelt kommunizieren, sind verfügbar. Im Internet scheint ein Abbild der Wirklichkeit konstruiert zu werden, dessen Wahrheitsgehalt und Vollständigkeit aufgrund einer möglicherweise fehlerhaften und verzerrten Darstellung kritisch zu hinterfragen sind. Jeder Internetakteur besitzt durch die Bereitstellung von Information Anteile an der Konstitution von Öffentlichkeit und an der Konstruktion von Realität[45].

Neben der massenhaften Informationsverbreitung im Social Web wird auch der Abruf themen- und personenspezifischer Daten begünstigt. Suchmaschinen wie Yahoo, die das Internet nicht mehr anhand bestimmter Webkataloge und damit thematisch eingegrenzt auf Treffer untersuchen, folgen auch Querverweisen und Hyperlinks, die es ermöglichen, fast alle auf Servern abgespeicherten Informationen für jedermann zugänglich zu machen. Es sei denn, der Zugang erfordert eine passwortabhängige Autorisierung. Der uneingeschränkte Zugang zu Informationen hat Auswirkungen auf die Öffentlichkeit und Privatheit im Internet. Zum einen ist es möglich, dass jeder Nutzer am Abbild der Gesellschaft partizipieren kann. Also befähigt ist, durch seine Interessen und Meinungen das Bild von Wirklichkeit zu verändern. Zum anderen wird Privatheit im Internet reduziert, weil Datenschutz auch bei Social Network Sites wie Facebook eher kontraproduktiv für die funktionale Ausrichtung der Vernetzung und damit wirtschaftlichen Rentabilität ist.

Bei der heutigen Informationsbeschaffung hat längst die Internetsuchmaschine Google mit einem deutschen Marktanteil von 94,83% eine Monopolstellung eingenommen (Justus 2010). Fast 82% der Internetuser nutzen mindestens einmal wöchentlich eine Suchmaschine, 47% geben an, mindestens einmal wöchentlich gezielt nach speziellen Angeboten zu suchen (vgl. van Eimeren & Frees 2009, S. 340). Wirtschaftliche Aspekte oder auch politische Barrieren

---

[45] (vgl. Schmidt 2009, S. 95-100)

wie das staatlich kontrollierte Internetangebot in China und die damit verbundene, eingeschränkte Zugänglichkeit von regimekritischen Internetseiten zeigen, dass Informationen instrumentalisiert werden, um soziale Gruppierungen zu kontrollieren. Informationsmanagement sollte deshalb die Fähigkeit implizieren, Medieninhalte kritisch zu hinterfragen (vgl. Baacke 2007, S. 99). In den folgenden Kapiteln zum Thema Mobbing bzw. Cybermobbing wird nun analysiert, auf welche Weise im Internet bzw. Web verfügbare persönliche Informationen missbraucht werden, um absichtlich dem sozialen Ansehen eines Individuums zu schaden.

3 Mobbing

In den folgenden Kapiteln zum Thema Mobbing und Cybermobbing wird analysiert, wie im Internet verfügbare persönliche Informationen missbraucht werden, um absichtlich das soziale Ansehen eines Individuums zu schädigen. Es wird untersucht, durch welche Merkmale sich Mobbing, das sowohl in realen, formellen als auch in informellen Lebensräumen von Jugendlichen stattfindet, definiert werden kann und inwiefern es sich von Mobbing via Internet bzw. Mobiltelefon unterscheidet. Auch wenn insgesamt das soziale Phänomen Mobbing erläutert wird, werden für eine analytische Differenzierung zwischen räumlichen und medialen Kontexten von Mobbing die Begriffe „konventionelles Mobbing" und „Cybermobbing" verwendet.

Die Grundlage der Analyse stellt eine Erläuterung der charakteristischen Eigenschaften der interpersonellen Kommunikation dar, um anschließend auf die Merkmale und Formen konventionellen Mobbings einzugehen. Es folgt eine Klassifikation der beteiligten Akteure, um anhand empirischer Studien die möglichen Auswirkungen und Ursachen von Mobbing zu erläutern.

3.1 Interpersonale Kommunikation

Interpersonale Kommunikation bedingt die Existenz sozialer Systeme. Denn die Individuen konstruieren ihre Lebenswirklichkeit mittels Kommunikation. Somit sind die Entwicklung und der Fortbestand einer Gesellschaft abhängig von der wechselseitigen Kommunikation ihrer Mitglieder (vgl. Hohm 2006, S. 16; Luhmann 1975, S. 190; Parsons 1966, S. 33f.).

Während das Adjektiv „interpersonal" einen zwischen mehreren Individuen ablaufenden Prozess charakterisiert, bedeutet das Substantiv „Kommunikation", abstammend vom lateinischen Begriff communicatio, „teilen, mitteilen oder teilnehmen lassen" (Duden 2007). Unter Kommunikation wird zunächst die Übermittlung von Informationen bzw. einer Nachricht zwischen einem Sender und Empfänger verstanden. Dazu dienen den Produzenten bestimmte Medien wie Sprache, Text oder auch Bild und Ton. Der Sender kodiert die zu übermittelnde Information in bestimmte verbale und nonverbale Codes bzw. Symbole, die der Empfänger anschließend dekodieren muss, um die Semantik des Inhalts zu erschließen. Während des Verschlüsselungs- und Entschlüsselungsprozesses kann es dabei aufgrund von sozialkulturellen Faktoren, wie differenten Sprachgewohnheiten bzw. Begriffsbedeutungen aus unterschiedlichen regionalen Kontexten, zu Störungen der zwischenmenschlichen Kommunikation kommen. Sowohl beim Sender als auch Empfänger sind subjektive

Wahrnehmungsmuster und individuelle kognitive Verarbeitungsstrategien für das Gelingen des Übermittlungsprozesses verantwortlich. Verständnisschwierigkeiten können durch „aktives Zuhören" oder Paraphrasieren reduziert werden, indem somit ein personenzentriertes Gespräch geführt wird (Rogers 1985).

WATZLAWICK betont, dass Menschen bereits unbewusst miteinander kommunizieren, wenn sie sich gegenseitig mittels nonverbaler Codes wie der Körpersprache wahrnehmen. Daraus ergibt sich ein metakommunikatives Axiom: „Man kann nicht nicht kommunizieren" (Watzlawik 1969, S. 53). WATZLAWIK weist darauf hin, dass Kommunikation verbal mittels der Semantik, Syntax und Pragmatik von Sprache sowie nonverbal via Mimik (Blickkontakt, Lächeln) und Gestik (Körperhaltung, -bewegungen) bzw. den Tonfall erfolgen kann. Das Verhältnis von verbaler und nonverbaler Kommunikation lässt sich an der Metapher eines Eisbergs verdeutlichen: 20% der Kommunikation wird bewusst mittels Sprache getätigt (Sachinformationen wie Fakten, Wünsche oder Gefühle). Der Anteil unbewusster, nonverbaler Kommunikation beträgt hingegen 80% (vgl. Ruch & Zimbardo 1974, S. 366).

Nach SCHULZ VON THUN (1981) enthält die „Sach-Ebene" einer Nachricht Informationen wie Fakten und Absichten, während über die „Beziehungsebene" sog. „Ich-Botschaften" gesendet werden. Diese geben über das emotionale Verhältnis der Gesprächspartner Auskunft. Die Ebene der „Selbstoffenbarung" übermittelt gleichzeitig Anhaltspunkte über die Einstellungen, Werte und Normen einer Person. Der „Apell" einer Botschaft teilt hingegen nicht direkt etwas über die eigene Person mit, sondern soll den Gesprächspartner dazu bewegen, ein bestimmtes Verhalten auszuführen (ebd.).

Im „Sender-Empfänger Modell" zeigt sich, dass die Kommunikationspartner während ihrer Interaktion aufeinander Bezug nehmen. Kommunikation ist demnach ein Merkmal sozialen Handelns, bei dem „[…] die soziale Handlung des Egos zu einer sozialen Handlung des Alters (nun auf Ego bezogen) [führt] […]" (Beck 2006, S. 41; vgl. Weber 2002, S. 1). Bei gleichzeitiger Gegenwärtigkeit ist Kommunikation somit eine zielgerichtete Handlung, bei der die Gesprächspartner bewusst mittels Zeichen und Sprache kommunizieren und in ihren Folgehandlungen auf die oppositionelle Äußerung Bezug nehmen (vgl. Burkart 1998, S. 23-29; Beck 2006, S. 40). Demzufolge ist interpersonelle Kommunikation ein Bestandteil sozialer Interaktion, bei der sich die Individuen während ihres reziproken Einflusses gegenseitig hinsichtlich ihrer Intentionen, Denkvorstellungen und Verhaltensweisen mit einander abstimmen. Bei der physischen und geistigen Anwesenheit der Akteure wird sie auch als „Face-to-Face-Kommunikation" (F2FK) betitelt (Delhees 1994, S. 12). Weshalb die Realisierung einer Handlungsinteraktion durch interpersonelle Kommunikation gekennzeichnet ist (vgl. Burkart 1998, S. 32).

Wenn Kommunikation negativ konnotiert ist und Gerüchte über eine Person diskutiert und an andere weiter gegeben werden, dann wird in diesem Fall eine soziale Interaktion als Klatsch bezeichnet. Über jemanden klatschen oder tuscheln sind Teile der Alltagskommunikation, ob bei Jugendlichen oder Erwachsenen. Wie in den nächsten Kapiteln detailliert erläutert wird, stellt das Verbreiten von negativen Gerüchten auch eine Form von Mobbing dar, um dem sozialen Ansehen einer bestimmten Person zu schädigen. Klatsch unterscheidet sich allerdings von Mobbing, weil das Opfer nicht anwesend ist bzw. nichts über die Gerüchte erfährt. Klatsch kann ebenso Inhalt wie auch kommunikativer Prozess sein, der durch interpersonale Kommunikation geprägt ist. Klatsch lässt sich durch die Akteure realisieren, wenn erstens das „Klatschobjekt" abwesend ist und zweitens das betroffene Individuum sowohl „Klatschproduzenten" als auch „Klatschrezipienten" wie den Mitschülern bekannt ist (Fawzi 2009, S. 6). Der Moment, in dem über jemanden Drittes gelästert oder getuschelt wird, ist einerseits durch Privatsphäre und andererseits durch den geheimnisvollen Vollzug gekennzeichnet (vgl. Bergmann 1987, S. 67-74).

Die sozialen Funktionen von Klatsch werden in der Literatur differenziert betrachtet. So kann er zum einen als Instrument der sozialen Kontrolle verwendet werden, um auf antisoziales Verhalten aufmerksam zu machen oder den Konformitätsdruck zu erhöhen (vgl. Bergmann 1987, S. 193f.). Andererseits kann Klatsch zum Fortbestehen und zur Festigung sozialer Gruppierungen dienen, wenn durch dessen Mitglieder gruppeninterne Werte- und Normvorstellungen eingehalten und somit die Gruppe als eine soziale Einheit bestätigt wird (vgl. Gluckman 1963, S. 312f.) Die Voraussetzung dafür ist jedoch ein vorab bestehendes Gemeinschaftsgefühl (ders. S. 314). SULS (1977) vertritt hingegen die These, dass sich Gruppenmitglieder nicht ausnahmslos über die Regeln einig seien und Klatsch somit auf Disharmonie unter den Mitgliedern hinweisen würde (S. 165-168). Diesbezüglich betont FESTINGER (1954) den Aspekt in seiner Theorie des sozialen Vergleichs, dass Individuen ihre eigenen Dispositionen und Kompetenzen mit denen potentiell unterlegener Menschen vergleichen und bewerten. Klatsch würde in diesem Fall dazu dienen, das Selbstwertgefühl des Produzenten zu erhöhen.

An den eben dargestellten Merkmalen zeigt sich, dass Klatsch zwar negative Aspekte enthält, allerdings eine Wahrung der Privatsphäre als auch die Abwesenheit des Klatschobjekts keine direkten physischen und psychischen Schäden hervorruft. Dies ändert sich, wenn die Klatschproduzenten und -rezipienten die Geheimhaltung aufgeben und die Gerüchte instrumentalisieren, um durch die eigene Profilierung gegenüber Dritten oder dem Betroffenen selbst ihr Selbstwertgefühl zu verbessen. Die Anwesenheit von und das Wissen über Gerüchte lässt aus dem Klatschobjekt entweder direkt, innerhalb einer Face-to-Face Situation, oder indirekt, durch die Erkenntnis über dritte Personen, ein Mobbingopfer werden.

3.2 Definition und Merkmale von Mobbing

Der Ursprung des Begriffs „Mobbing" liegt in der lateinischen Bezeichnung „mobile vulgus", was übersetzt „aufgewiegelte Volksmenge, Pöbel [oder] soziale Massengruppierung" bedeutet (Duden 2007; Brockhaus 2006). „Jemanden zu mobben", kennzeichnet in Anlehnung an das englischen Verb „to mob"[46] eine aktive Handlung einer oder mehrerer Individuen, die dritte Personen anpöbeln, angreifen oder attackieren (Brockhaus 2006).

In den 80er Jahren gewann der Begriff Mobbing zunächst durch den Psychologen LEYMANN an Popularität, der sich primär mit Mobbing in beruflichen Arbeitsverhältnissen beschäftigte.

> „Unter Mobbing wird eine konfliktbelastete Kommunikation am Arbeitsplatz[47] oder zwischen Vorgesetzten und Untergebenen verstanden, bei der die angegriffene Person unterlegen ist und von einer oder einigen Personen systematisch, oft und während längerer Zeit mit dem Ziel und/oder dem Effekt des Ausstoßes aus dem Arbeitsverhältnis direkt oder indirekt angegriffen wird und dies als Diskriminierung empfindet" (Leymann 1995, S. 18).

Im Berufsalltag charakterisiert der Begriff „Bossing"[48] den Prozess, wenn Arbeitnehmer durch ihre Vorgesetzten gemobbt werden (Zuschlag 2001, S. 20ff.). Unter „Staffing"[49] wird hingegen „schikanöses[50] Handeln" von Arbeitnehmern gegenüber ihren Vorgesetzten verstanden (ebd.). Bei dieser Variante scheint eine soziale Gruppierung, wie ein Verbund an Arbeitnehmern, mehr Macht als ihre Führungsperson zu besitzen, obwohl diese eigentlich durch ihre Geschäftsführung zu mehr Handlungsmacht autorisiert ist. Bei Mobbing zwischen Vorgesetzten und Angestellten, als auch unter Arbeitskollegen wird auch von „Harassment" oder „sexual harassment at work" gesprochen, wenn Personen durch ihre Mitarbeiter oder Vorgesetzten schikaniert und/ oder sexuell belästigt werden (ebd.)

---

[46] Der Begriff wurde von dem Ethologen Konrad Lorenz kennzeichnend für Gruppenangriffe von unterlegenen Tieren verwendet, die versuchen, ihre überlegenen Rivalen zu vertreiben.

[47] ZUSCHLAG (2001) verwendet den Begriff „Arbeitsplatz" als Synonym für jegliche formale Einrichtungen wie Schulen oder wirtschaftliche Unternehmen, in denen regelmäßig gearbeitet wird bzw. in denen Arbeits- und Machtverhältnisse wie zwischen Lehrer und Schüler bestehen (vgl. S. 20).

[48] Bossing kennzeichnet die Schikane der Mitarbeiter durch ihre Vorgesetzten (top down Prinzip) (vgl. ebd.)

[49] Staffing kennzeichnet das Mobben von Arbeitgebern oder Vorgesetzten durch ihre Angestellten (bottom up Prinzip)

[50] „Andere schikanierend, von Böswilligkeit zeugend" (Duden 2003).

Im institutionellen Kontext von Schulen bzw. zwischen Schülern und Schülerinnen wird Mobbing als Bullying bezeichnet. Der Psychologe und Persönlichkeitsforscher OLWEUS (1986, 1993, 2008, S. 247) spricht von „Bullying", wenn ein oder mehrere Schüler *„wiederholt und über eine längere Zeit den negativen Handlungen eines oder mehreren Schüler oder Schülerinnen ausgesetzt ist"* (1996, S. 22, Hervorheb. im Original).

GOLLNICK (2006) definiert detaillierter:

> „Unter Mobbing wird eine konfliktbelastete Kommunikation in der Klasse/im Kurs also unter Mitgliedern einer Lerngruppe, oder zwischen Lehrperson(en) und Schüler/innen verstanden, bei der die angegriffene Person unterlegen ist und von einer oder mehreren Personen systematisch, oft und während längerer Zeit mit dem Ziel und/oder dem Effekt der Ausgrenzung aus der Lerngruppe direkt oder indirekt angegriffen wird und dies als Diskriminierung empfindet. Dabei sind die Angriffe in verletzender Weise tendiert (beabsichtigt) und können sich gegen einzelne, aber auch gegen eine Gruppe richten und von einzelnen oder von einer Gruppe ausgehen" (S. 36).

Wie GOLLNICK weist auch ZUSCHLAG in seiner Analyse von Mobbing am Arbeitsplatz darauf hin, dass die Anzahl der Täter und Opfer variieren kann. Demnach erfolgt Mobbing nicht nur gegen eine Einzelperson, sondern kann auch gegen Personengruppen ausgeübt werden. Damit vergleichbar werden auch bei Rassismus soziale Gruppierungen aufgrund ihrer physischen Merkmale und den damit assoziierten Verhaltensweisen stigmatisiert und schikaniert (vgl. Zuschlag 2001, S. 4f., 42; Neuberger 1999, S. 25). Dies zeigt sich beispielsweise an der Mobbingvariante „Outing", bei der die sexuelle Orientierung von Homosexuellen wider ihren Willen in der Öffentlichkeit publiziert wird (Zuschlag 2001, S. 20). Die Konfliktforschung stellt diesbezüglich jedoch fest, dass es zwischen Mitgliedern einzelner sozialer Gemeinschaften zwar aufgrund von Vorurteilen, Stereotypen, Rassismus oder unterschiedlicher Sitten und Gebräuchen zu interpersonalen Konflikten kommen kann. Allerdings werden diese oftmals überhastet als interkulturelle oder interethische Konflikte bewertet (vgl. Dollase 2004, S. 608f.).

Zu den wesentlichen Merkmalen, die sich aus den Definitionen von LEYMANN, OLWEUS, GOLLNICK und ZUSCHLAG ergeben, gehören das Machtungleichgewicht zwischen Täter und Opfer, das zugunsten des Täters ausgeprägt ist sowie die Regelmäßigkeit bzw. der Zyklus, in denen Mobbinghandlungen erfolgen (vgl. Leymann 2002, S. 22; 2008, S. 248; Fawzi 2009, S. 8). ZUSCHLAG (2001) weist auf die Diskrepanz bei der Operationalisierung von Mobbing hin. Er untersucht in Anlehnung an LEYMANN (1933, S. 33-34), wie die Anzahl und das zeitliche Intervall von Handlungen zu definieren sind, um nicht als einmaliges Ärgern, als Ausnahmefall von Schikane, sondern als Mobbing zu gelten. Er kritisiert die zu enge Definition LEYMANNS bzw. die Dichotomie zwischen „gemobbt/nicht-gemobbt" und entwickelt darauf ein vierdimensionales Modell des Zeitraums in dem Mobbing stattfinden kann (Zuschlag 2001, S.10). Durch eine differenzierte, zeitliche Aufteilung von Mobbinghandlungen in Abhängigkeit zur Häufigkeit ihres Auftretens werden mehr schikanöse Handlungen als Mobbing diagnostiziert, auch wenn sie in kürzeren Zeitabständen oder zyklisch stattfinden (vgl. Zuschlag 2001, S. 9-18). Das Kräfteungleichgewicht kann einerseits aus einer körperlichen Überlegenheit, wie die eines älteren Jungen gegenüber einem jüngeren Mädchen, oder verbal aufgrund von Redegewandtheit resultieren. Bestände kein Kräfteübergewicht, sondern die Chancen beider Parteien wären ausgeglichen, würde die Situation als interpersonaler Konflikt definiert[51]. Der Kommunikationsverlauf wäre in diesem Fall symmetrisch und nicht asymmetrisch. Solch eine symmetrische Interaktion[52] wird als aggressiv oder gewaltvoll bezeichnet, wenn sie verbale oder physische Gewalthandlungen beinhaltet. Neunzig Prozent der verbalen und fast 70% der körperlichen Gewalt gründen auf der Wahrnehmung eines Regelverstoßes, d.h. situations-unangemessenes Verhaltens wie Lügen[53] oder Beleidigungen. Die Reaktion auf den Regelverstoß impliziert den Versuch, den Aggressor sozial zu kontrollieren (vgl. Felson 1984, S. 64; Nolting 2007, S. 112-115).

Die Kommunikation während des Mobbingprozesses ist grundlegend konfliktbelastet und erfolgt oberflächlich betrachtet, überwiegend einseitig. FAWZI (2009) bemerkt, dass Mobbing somit keine Variante der interpersonalen Kommunikation sei, weil die Interaktion zwischen den Beteiligten nicht stets wechselseitig verlaufen würde (vgl. S. 8f.). Dem ist entgegen zu setzen, dass zwei Individuen bereits bei der gegenseitigen Wahrnehmung unbewusst miteinander kommunizieren (vgl. Kapitel 4.1). Demnach wäre Mobbing entweder nur „eine Folge von Kommunikationsprozessen" oder, wie WATZLAWIK (1969, S. 53) und BURKART (1998, S. 32) bemerken, Teil einer reziproken Interaktion, da das Verhalten gegenseitig aufeinander abgestimmt wird und somit wechselseitig verlaufen würde (Fawzi 2009, S. 9).

Ein weiteres Merkmal von Mobbing ist das intendierte und darauf ausgerichtete Handeln, das soziale Ansehen des/der Opfer zu schädigen. Dies ist allerdings nur dann der Fall, wenn sich jemand eine bestimmte Strategie ausdenkt, um beispielsweise persönliche Ziele durch-zusetzen und somit vorsätzlich dem/den Opfer(n) zu schaden. In einigen Fällen ist es den

---

[51] Interpersonale Konflikte basieren auf sozialen Konflikten. Ein „Sozialer Konflikt ist eine Interaktion zwischen Aktoren (Individuen, Gruppen, Organisationen), wobei wenigstens ein Aktor Unvereinbarkeiten im Denken/Vorstellen/Wahrnehmen und/oder Fühlen und/oder Wollen mit dem anderen Aktor (anderen Aktoren) in der Art erlebt, daß im Realisieren eine Beeinträchtigung durch einen anderen Aktor (die anderen Aktoren) erfolge." (Glasl 1997, S. 14f.).

[52] Der Interaktionsverlauf ist dann meistens symmetrisch. d.h. die Beteiligten sind abwechselnd Aggressor und auch Opfer (vgl. Nolting 2007, S. 114).

[53] Eine „Lüge [ist], im Unterschied zum Irrtum die absichtliche unwahre Behauptung" (Dorsch 1976, S. 352).

Beteiligten hingegen nicht bewusst, dass sie eine andere Person mobben. Mobbing ist in diesen Situationen nicht intendiert, sondern geschieht fahrlässig. Mobbing kann andererseits auch „unabsichtlich im Rahmen der Selbsterhaltung oder der für normal gehaltenen Selbstdurchsetzung einzelner Personen" geschehen (Zuschlag 2001, S. 33). Davon abzugrenzen ist allerdings Mobbing, das krankheitsbedingt erfolgt. ZUSCHLAG (2001) betitelt dies als „Mobbing aus Sucht" und weist damit auf die verlorenen Selbstkontrolle des Täters hin (S. 34).

Eine weitere Systemkomponente von Mobbing ist die subjektive Wahrnehmung der Opfer. Erst wenn die Betroffenen eine Handlung als Schikane[54] oder Diskriminierung empfinden, wird eine Handlung als Mobbing interpretiert. Ebenso wird ein Publikum benötigt, die dem Täter in seinen Aktionen zustimmen oder dem Opfer ihre Hilfe anbieten. Sie stehen somit für die vorherrschenden sozialen Normen und Werte einer Gesellschaft, die durch externe, rechtliche Komponenten, wie das Zivil- oder Strafrecht, tangiert werden (vgl. Zuschlag 2001, S. 34f.)

3.3 Formen von Mobbing

Konventionelles Mobbing kann sowohl in direkter Form, wie durch Schläge oder Beleidigungen, als auch in indirekter Form, wie durch das Verbreiten von Gerüchten oder die soziale Ausgrenzung, erfolgen.

Direktes Mobbing

Direktes Mobbing beinhaltet körperliche und/oder verbale Varianten, zu denen Schubsen, Schlagen, Hänseln, Verspotten und Drohen gehören. Das Opfer wird im Beisein eines Publikums kompromittiert, d.h. aufgrund von körperlichen, geistigen oder sozialkulturellen Merkmalen öffentlich bloßgestellt und gedemütigt. Zwar ist der Gemobbte physisch anwesend und besitzt somit rein theoretisch die Möglichkeit, auf die antisoziale Handlung adäquat zu reagieren. Allerdings suchen sich die Täter meist diejenigen Opfer aus, bei denen eine Revanche aufgrund ihrer körperlichen Unterlegenheit gegenüber dem Täter nicht zu erwarten ist. Die Opfer fühlen sich dementsprechend hilflos.

Indirektes Mobbing

Während direktes Mobbing die Anwesenheit des Opfers erfordert und ihm die Möglichkeit zur Reaktion bereithält, bleibt dem Betroffenen bei indirekten Mobbing eine angemessene

---

[54] Schikane beinhaltet die Absicht, „[...] Menschen in einen Streit oder einen Prozeß zu verwickeln, [bzw. sie zu] ärgern" (Pons 1986).

Reaktion untersagt. Die Mobbinghandlungen finden in ihrer Abwesenheit statt. Allerdings gelangt die Information, dass jemand über das Opfer gelästert hat, indirekt über Dritte zum Betroffenen. An diesem Punkt kann auch Klatsch zu Mobbing werden, wenn es von den Tätern beabsichtigt ist, dass die Opfer von den Gerüchten erfahren.

Indirektes Mobbing wird aufgrund des Fehlens physischer Gewalttaten auch als „psychologische[s] Mobbing" definiert (Fawzi 2009, S. 9). Es findet ugs. „hinter dem Rücken des Opfers statt" und beabsichtigt vorwiegend die psychische Schädigung des Kompromittierten (ebd.). In den meisten Fällen von indirekten Mobbing ist der Täter nicht im Freundes-, Bekannten- oder Kollegenkreis des Opfers zu lokalisieren. Dritte Personen werden instrumentalisiert, um die negativen Gerüchte zu verbreiten. Es erfolgt „by proxy"[55] (Aftab 2008). Teil von psychologischen Mobbing ist auch die bewusste Ausgrenzung der Opfer aus einer Gruppe oder Gemeinschaft. Eine Gruppe von Jugendlichen kann ihrem Opfer nonverbal signalisieren, dass seine Anwesenheit und Gruppenzugehörigkeit nicht erwünscht ist. Eine bewusst abgewendete Körperhaltung reicht dafür aus. Hieran zeigt sich, dass für indirekte Formen von Mobbing die Abwesenheit des Opfers nicht zwingend notwendig ist. Werden allerdings ergänzend noch Hänseleinen oder Beleidigungen ausgesprochen, finden direkte und indirekte Formen von Mobbing simultan oder in zwei aufeinander folgenden Situationen statt.

Mobbing zu operationalisieren bzw. eindeutig festzulegen, welche Handlungen in welchem Zeitraum, in welcher Häufigkeit und Intensität vorkommen müssen, um als Mobbing klassifiziert zu werden, würde die Definition als Strafbestand und somit die staatliche Sanktion von Mobbing wesentlich erleichtern[56]. LEYMANN (1993) listet diesbezüglich 45 Handlungen auf, von denen einzelne oder mehrere mindestens einmal wöchentlich und über die Mindestdauer von sechs Monaten vorkommen sollten, um als Mobbing gelten zu können[57] (vgl. S. 22). Die daraus resultierenden Handlungsintentionen von „Mobbern" lassen sich in fünf Abschnitte gliedern (Leymann 1993, S. 33-34; 2002, S. 23-34):

(1) „Angriffe auf Möglichkeiten, sich mitzuteilen", wenn eine Person beispielsweise ständig in ihren verbalen Äußerungen unterbrochen wird;

(2) „Angriffe auf soziale Beziehungen", wie das Verbot mit anderen Arbeitskollegen zu sprechen oder das sich nicht ansprechen lassen;

---

[55] Vgl. Kapitel 5.6
[56] Vgl. Kapitel 4.6
[57] ZUSCHLAG übt Kritik an den Überlegungen LEYMANNs, weil einige der Formulierungen seines Katalogs doppeldeutig interpretiert werden könnten. Außerdem würde ein festgeschriebener Zeitraum von sechs Monaten, in dem Mobbing regelmäßig bis zum Ende stattfinden müsste, damit die Taten als Mobbing diagnostiziert werden, viele potentiell als Mobbing zu klassifizierende Handlungen unberücksichtigt lassen (vgl. Zuschlag 2001, S. 9).

(3) Handlungen, die „Auswirkungen auf das soziale Ansehen" haben können, indem beispielsweise eine andere Person lächerlich gemacht wird;

(4) „Angriffe auf die Qualität der Berufs- und Lebenssituation", indem sinnlose und erniedrigende Tätigkeiten vermittelt werden;

(5) „Angriffe auf die Gesundheit", die die Androhung oder Anwendung physischer oder psychischer Gewalt beinhalten können.

Die Liste zeigt, dass Formen von Mobbing nicht nur die Schädigung des Sozialstatus beabsichtigen, sondern auch die der physischen Konstitution. Diese kann nicht nur durch eine direkte Variante wie Schläge geschehen, sondern auch indirekt, wenn die psychische Schädigung psychosomatische Auswirkungen wie Dis-Stress[58] hervorruft[59].

Obwohl die schikanierenden und schädigenden Handlungen überwiegend von den Tätern ausgehen, führt jedoch auch das daraus resultierende Empfinden des Opfers dazu, dass der Mobbingprozess eine zyklische Struktur aufweist (vgl. Fawzi 2009, S. 10). Das Opfer fühlt sich nach dem Mobbing schlecht und verändert in der Folge sein Verhalten. Dadurch liefert der Betroffene den Tätern indirekt Hinweisreize, die als provokatives Verhalten aufgefasst werden können. Die anschließende Abkehr oder Ausgrenzung des Mobbingobjekts könnte somit sogar legitimiert werden, wenn das Verhalten des Opfers nicht als Abwehrhandlung interpretiert wird. Die Akteure befinden sich also in einem Teufelskreis, der das Opfer immer wieder dazu zwingt, sich gegenüber den Tätern zu behaupten, was diese gleichzeitig als Anlass nehmen, um die Betroffenen in anderer Form zu mobben (vgl. Dambach 1998, S. 48; Kaspar 1998, S. 28f.).

3.4 Akteure

Laut einer Langzeitstudie der Universität München sind im Jahre 2005 vier Prozent der Schüler- und Schülerinnen ernsthaft von Mobbing betroffen gewesen. Was bei rund einer Million Schülern ungefähr fünfzigtausend Betroffene ergibt (vgl. Schäfer, Korn, Brodbeck, Wolke & Schulz 2005, S. 331). Laut einer Onlineuntersuchung des Zentrums für empirische pädagogische Forschung (ZEPF) seien 54% der Schüler von konventionellen Mobbing betroffen. In der Grundschule wären 71% der Schüler Opfer von Mobbing. Dabei gaben 20,9% der Kinder an „sehr oft" gemobbt zu werden. Die Autoren weisen allerdings darauf

---

[58] „Dis-Stress [gilt] als negativ, ungünstig, schädigend, krankmachend erlebter psychischer Stress" (Peters 2007, S. 137). Psychischer Stress kann auch zu ist einer psychosomatischen Stressreaktion führen, die zu körperlichen Schäden wie Magengeschwüren, Bluthochdruck oder Herzinfarkten führen kann (vgl. ders. S. 533).
[59] Siehe Kapitel 4.5

hin, dass diese hohe Anzahl möglicherweise dadurch zustande gekommen ist, weil über-wiegend themeninteressierte Schüler teilgenommen hätten. Allerdings sei das Ergebnis der Onlinebefragung doch als bedenklich einzustufen (vgl. Jäger, Fischer & Riebel 2007, S. 9f.).

Eine eindeutige Charakterisierung von Tätern als auch Opfern scheint aufgrund der Tatsache, dass die Ergebnisse aus meist nicht repräsentativen Studien stammen, als nicht möglich. Trotzdem sind durch die Untersuchungen wie von OLWEUS (1996) und JÄGER ET AL. (2007) zumindest Tendenzen über die Charakteristika und das soziale Umfeld von Mobbern und Gemobbten ableitbar.

3.4.1 Täter

Jugendliche Täter von konventionellen Mobbing weisen folgende Merkmale auf: Sie sind ihrem Opfer in der Regel vom Alter und von der körperlichen Konstitution (Stärke) her überlegen. Ihre familiäre Sozialisation ist überwiegend durch eine negative Beziehung zu den Eltern sowie durch die Anwendung körperlicher Gewalt bei familiären Konflikten geprägt. Dies führt dazu, dass sie bei Konflikten im Klassenverbund, im Vergleich zu ihren Mitschülern, deutlich eher zur Anwendung von Gewalt neigen. Insgesamt wirken sie deutlich aggressiver und scheinen Gewalt zur Lösung von Konflikten oder zur Durchsetzung ihrer Zielabsichten zu prädestinieren. Die Täter beabsichtigen in den meisten Fällen, ihre Opfer zu dominieren und somit ein Gefühl der Macht zu erleben. Die nötige Empathie für die Gefühle des Opfers ist entweder nicht vorhanden oder nur gering ausgeprägt. In der Schule bekommen sie eher schlechte Noten, was möglichweise daran liegt, dass sie öfters den Unterricht schwänzen. Außerdem konsumieren sie häufiger gewaltvolle Medieninhalte und verüben delinquente Taten wie Stehlen oder Betrügen (vgl. Olweus 1996, S. 14; Fawzi 2009, S. 10). Insgesamt sind mehr Jungen direkt in Mobbinghandlungen involviert und werden gleichzeitig eher körperlich und verbal gemobbt. Mädchen neigen im Gegenteil zu den Jungen eher zu indirekten Mobbing, also zur Diffamierung ihrer Opfer (vgl. Olweus 1996, S. 29-31; Jäger et al 2007, S. 18). Auch wenn eine Analyse von soziodemografischer und soziokultureller Faktoren bei Tätern eine tendenzielle Kategorisierung der Akteure anstrebt, sollte bedacht werden, dass jedes Individuum einzigartig ist. Stereotype verursachen hingegen eine Stigmatisierung der einzelnen Betroffenen bzw. schaffen Distanzen zwischen sozialen Parteien, anstatt den prosozialen Austausch zu fördern (vgl. Tajfel 1982).

3.4.2 Opfer

Das typische Opfer, OLWEUS (1996) nennt es auch den „passive[n] und ergebene[n] Opfertyp", verhält sich ängstlich, ist zurückgezogen, still und wirkt psychisch labil (S. 43). Beim Mobbing verhalten sie sich eher defensiv und versuchen sich zurück zu ziehen. Die meisten Opfer besitzen ein geringes Selbstbewusstsein, außerdem ist ihr Bezug zum eigenen Körper meist gestört. Das Fehlen guter Freunde in der Klasse lässt sie auch im Schulalltag vereinsamen. Sie neigen dementsprechend eher zu introvertierten Verhalten, d.h. beteiligen sich selten an Gruppenaktivitäten, weil durch mangelnde Freundschaften auch Bezugspunkte fehlen. Ihren Lehrern fallen sie zudem häufig durch Lustlosigkeit im Unterricht und schlechte Noten auf[60]. Im Gegensatz zum typischen Opfer macht der „provozierend Opfertyp" durch sein „negatives" Verhalten seine Mitschüler auf sich aufmerksam (Olweus 1996, S. 43). Schüler dieses Verhaltenstypus reagieren zwar ängstlich auf die Attacken der Täter, ziehen sich allerdings nicht zurück, sondern reagieren mit einer aggressiven Trotzreaktion. Schreie und Tritte können jedoch auch ein Versuch sein, um den Angriff des Täters abzuwehren (vgl. Fawzi 2009, S. 39). Im Gegensatz zur eigentlichen Intention des Opfers werden solche Abwehrreaktionen ebenso wie häufig auftretende Konzentrationsschwächen durch die Täter fälschlicherweise als Provokation aufgefasst (vgl. Wöbken-Ekert 1998, S. 56-59; Fawzi 2009, S. 11).

3.4.3 Zuschauer

Das Publikum stellt die dritte Gruppe der Akteure dar. Die Zuschauer, fachterminologisch auch als „bystander" bezeichnet, können durch ihr passives bzw. aktives Handeln das Ergebnis der Situation beeinflussen (Fawzi 2009, S. 11). Entweder sie bestärken den Mobber in seinen Handlungen, indem sie ihn verbal oder physisch unterstützen. Oder sie stimmen seinem Verhalten indirekt zu, indem sie dem Opfer die nötige Hilfe verwehren. Letzteres kennzeichnet den „Bystander-Effekt"[61] (Latané & Rodin 1969, S. 189-202). Auch wenn sie Mobbing eigentlich abgeneigt sind, wird dem Täter passiv Aufmerksamkeit zu teil, durch die er sich bestätigt fühlt, mit seinem Vorhaben fortzufahren (vgl. Kindler 2002).

Die drei Gruppen der Akteure weisen darauf hin, dass Mobbing durch Gruppenprozesse wie **„Forming** – die Einstiegs- und Findungsphase (Kontakt), **Storming** – die Auseinander-

---

[60] Weitere Merkmale, die zur Stigmatisierung und Ausgrenzung verwendet werden, listet ZUSCHLAG (2001) auf (S. 40).

[61] Der Ausdruck basiert auf dem Genovese-Syndrom, was die unterlassene Hilfeleistung von Zuschauer impliziert. Im Jahr 1964 wurde die US-Amerikanerin KITTY GENOVESE Opfer eines Mordanschlags, der sich über mehrere Orte und über einen längeren Zeitraum erstreckte. Von den 38 fremden Personen, die diesen Vorfall beobachteten, kam ihr niemand zur Hilfe (vgl. Müller 2010).

setzungs- und Streitphase (Konflikt), **Norming** – die Regelungs- und Übereinkommensphase (Kontrakt) und **Performing** – die Arbeits- und Leistungsphase (Kooperation)" gekennzeichnet ist (Stahl 2002, S. 49, Hervorheb. im Original).

3.5 Auswirkungen/ Ursachen

Mobbing stellt einen Stressfaktor für die Opfer dar, der negative Auswirkungen auf das Gesundheitsbefinden des Opfers, seine Psyche und seinem sozialen Ansehen in der Gesellschaft bedeuten kann. Menschen sind grundsätzlich zwei Typen von potenziellen Stressoren ausgesetzt, die sich in vier Gruppen gliedern lassen: Erstens Umwelteinflüsse wie Hitze, Kälte oder Lärm. Zweitens „aufgabenbezogene Stressoren" wie Leistungs- oder Zeitdruck (Zuschlag 2001, S. 25). Drittens „organisatorische Stressoren" wie eine Betriebshierarchie (ebd.). Sowie viertens „soziale Stressoren", die sich einerseits in unregelmäßige und alltägliche Hindernisse und Konflikte einteilen lassen, als auch in „zielgerichtete Schikanen" wie Mobbing, die in einem längeren Zeitintervall regelmäßig auftreten (ebd.).

Mobbing führt zu „psychosozialen Stress", der auch psychosomatische Auswirkungen wie Magengeschwüre, Bluthochdruck und ein erhöhtes Herzinfarktrisiko begünstigt (Leymann 1993, 1995; vgl. Zuschlag 2001, S. 24f.). Das Phänomen, wenn der menschliche Organismus den Belastungen durch die Stressfaktoren nicht mehr Stand halten kann, wodurch ein Stresswert erreicht wird, der lebensbedrohliche Konsequenzen für die betroffene Person haben kann, wird in der Stressforschung auch als „Dis-Stress" bezeichnet (Peters 2007, S. 137). Einen eher gesundheitsfördernden Effekt hat dem gegenüber „Eu-Stress", der „als gut und positiv empfundene[r] psychischer Stress" charakterisiert ist (ders. 2007, S. 185; vgl. Zuschlag 2001, S. 25).

Neben den psychosomatischen Folgen kann Mobbing auch negative, motivationale und volitionale Auswirkungen auf das Verhalten von Schülern bewirken. Die Betroffenen können sich nicht zur aktiven Mitarbeit im Unterricht oder zum Lernen motivieren. Sie meiden die Schule, weil sie sich in diesem sozialen und institutionellen Umfeld unwohl, ausgegrenzt und stigmatisiert fühlen (vgl. Kaspar 1998, S. 33-35; Fawzi 2009, S. 11). Des Weiteren ergänzt ZUSCHLAG, dass Opfer für potentielle Mobbingsituation und Personen, die mit dem zurückliegenden Mobbingvorfall assoziiert werden, sensibilisieren werden würden. Diese Erwartungshaltung könne wiederum zu Angstzuständen oder Paranoia bei den Betroffenen führen[62] (vgl. ders. 2001, S. 107).

---

[62] Siehe weitere gesundheitliche Folgen für Opfer (Zuschlag 2001, S. 102- 109).

Die Täter leiden zum Teil auch unter psychosozialen Stress, weil sie als Aggressor von Mobbinggegnern verachtet und gemieden werden. Lernen sie allerdings, Mobbing für ihre Zwecke zu instrumentalisieren und sind sie durch ihr Verhalten erfolgreich, so werden sie es voraussichtlich wiederholen. Die Aufmerksamkeit oder das Ansehen durch bestimmte Personengruppen würde in diesem Fall als positiver Verstärker dienen. Diese äußeren Nutzeffekte sind noch durch die emotionalen Erfolge wie eine positive Selbstbewertung, ein Gerechtigkeitserleben oder Stimulation zu ergänzen (vgl. Bandura 1976).

Durch die physische und psychische Schädigung des Opfers stellt Mobbing einen gewaltvollen Handlungsakt dar, besonders wenn die Folgen beabsichtigt sind. Mobbing ist demnach eine Form aggressiven Verhaltens[63]. Die zentralen Motive für die Anwendung aggressiven Verhaltens gliedern TEDESCHI & FELSON (1994) in ihrer sozial-interaktionistischen Theorie in drei Kategorien (vgl. S. 159-176.):

(1) Das *Streben nach sozialer Macht*, d.h. der Versuch, durch aggressive Handlungen die soziale Kontrolle über eine andere Person zu erlangen.

(2) Die Herstellung von *Gerechtigkeit*, wenn das Verhalten des anderen als Provokation oder Ungerechtigkeit empfunden wird, seine Schuld bewiesen scheint und somit eine Sanktion durch eine aggressive Handlung wie Schlagen oder Beschimpfen gerechtfertigt werden könnte.

(3) Die *positive Selbstdarstellung*, d.h. die Anwendung aggressiven Verhaltens zur Wahrung einer positiv besetzen und sozial anerkannten Identität.

Neben dem erfolgreichen Erreichen bestimmter Ziele (z.B. Freude an der Machtausübung), können andererseits Versagens- und Verlustängste (Imageverlust) bzw. die erwartete Schädigung (gebrochene Nase) die Mobber dazu antreiben, ihr Opfer zu schädigen[64] (vgl. Zuschlag 2001, S. 35).

Die Viktimisierung des Betroffenen kann aber laut ZUSCHLAG auch damit zusammenhängen, dass dem Täter durch die Opfer bestimmte Anreize zum Mobben gegeben werden. Demnach wird delinquentes Verhalten wie Stehlen, Betrügen oder Lügen durch den Täter als konkreter Anlass gewertet, die Zielperson zu mobben (vgl. ders. 2001, S. 41f.).

---

[63] „Aggression sind diejenigen Verhaltensweisen, die in der Absicht ausgeführt werden, ein anderes Individuum direkt oder indirekt zu schädigen" (Mummendey et al. 1992). Zu aggressiven Verhaltensweisen werden Handlungen gezählt, die zielgerichtet und instrumentell erfolgen, mit dem Ziel die eigenen Interessen und Bedürfnisse durchzusetzen, ohne auf die [indirekte oder direkte] Schädigung der betroffenen Personen zu achten. Für Ausdrucksformen aggressiven Verhaltens (Petermann, Döpfner, Schmidt 2001, 2007).

[64] Eine ausführliche Liste der Motive von Mobbern siehe (Zuschlag 2001, S. 35-39).

Neben den Personen, die antisoziales Verhalten praktizieren, wird allerdings auch noch eine zweite Personengruppe gemobbt. Nämlich diejenigen, die nicht sozialschädlich, sondern durch ihre physische „Gestalt [wie Akne], ihr Outfit, die Art der Berufstätigkeit oder bestimmte Verhaltensweisen [wie Tics] […] [auffallen]" (Zuschlag 2001, S. 42).

Die dritte Opfergruppe scheint hingegen vollkommen willkürlich schikaniert zu werden, weil sie durchschnittliche und unauffällige Körper- und Verhaltensmerkmale verfügen, umgangssprachliche „Normalos".

Die Ursachen von Mobbing sind letztlich in dem Interaktionssystem zwischen Tätern, Opfern und den sie umgebenden sozial-gesellschaftlichen Rahmenbedingungen zu suchen. Zu den wesentlichen Gründen, weshalb Mobber andere Menschen schikanieren, diffamieren und bedrohen, zählen einerseits das Streben nach sozialer Macht und andererseits das Fehlen sozialer Kompetenzen wie Empathievermögen. Letzteres Merkmal ist, wie die bevorzugte Instrumentalisierung von gewaltvollen Handlungen zur Erreichung bestimmter Ziele, ein Resultat familiären und institutioneller Missstände, die in Kombination mit individuellen Bedürfnissen und Handlungsstrategien eines Jugendlichen einen Täter hervorzubringen scheinen.

4   Cybermobbing

Cybermobbing unterscheidet sich in wesentlichen Punkten vom nicht-medienvermittelten Mobbing von Jugendlichen. Um die Besonderheiten des Phänomens im Medium Internet herauszustellen, werden im folgenden Kapitel die charakteristischen Merkmale von Cybermobbing erläutert. Dafür werden zuerst die Begrifflichkeiten Cyberspace, Virtualität und Internet definiert, um anschließend die Aspekte und möglichen Effekte von computer-vermittelter Kommunikation zu erörtern. Dies geschieht in Abgrenzung zur Face-to-Face Kommunikation. Im Anschluss daran werden Merkmale, der Öffentlichkeitsgrad von Social Web Diensten und Anwendungen, die Formen von Cybermobbing sowie Akteure, Auswirkungen und mögliche Ursachen analysiert.

4.1 Cyberspace und Internet

Der Begriff „Cyberspace" wird erstmals in der Kurzgeschichte *Burning Chrome* des Science-Fiction Autors WILLIAM GIBSON (1982) verwendet. In seinem anschließenden Roman *Neuromancer* nutzt er ihn metaphorisch für eine „von Computern und Computernetzwerken generierte parallele Welt bzw. eine virtuelle Realität [...]" (Döring 2003, S. 48, 234; vgl. Bay 2006, S. 7). Die Präfix „Cyber" stammt vom griechischen Begriff „kybernētike"[65] ab und bedeutet „Steuermannskunst" (Duden 2007). Das englische Substantiv „Space" steht synonym für den „Raum", Weltraum oder auch Zeitraum (Duden 2003). Die Vorsilbe Cyber-wird ähnlich „wie das Attribut virtuell [dazu verwendet, um] [...] die Nutzung und Bedeutung des Internet in Zusammenhang mit einem bestimmten sozialen Phänomen [zu] unterstreichen" (Döring 2003, S. 48). Das Phänomen Mobbing wird somit im sozialen Raum des Internet bzw. online-vermittelt via Mobiltelefon als Cybermobbing betitelt.

Die Bedeutung des Begriffs Internet ist allerdings nicht identisch mit der des Cyberspace. Technisch betrachtet, ist das Internet ein Netzwerk an globalen Servern, die der Datenspeiche-rung und der Übermittlung von Informationen durch Onlinedienste und Anwendungen die-nen. Es ist ein „komplexes multifunktionales *tertiäres bzw. quartäres Medium*", weil sowohl Sender als auch Empfänger für den Austausch von Informationen technische Geräte und Dienste wie den PC oder Web-Browser benötigen (Döring 2003, S. 42, Hervorheb. im Origi-nal). Um „die Integration von Individual-, Gruppen- oder Massenkommunikation im Netz zu betonen", wird auch der Begriff „*interaktives Medium*" verwendet (Wehner 1997, Hervorheb. im Original). Damit ist das Internet weniger als technischer Datenspeicher, sondern als Medi-

---

[65] Der Autor Norbert Wiener (1948) bezieht in seinem Werk *Kybernetik - Regelung und Nachrichtenübertra-gung in Lebewesen und Maschinen* den Begriff Cyber auf Datenverarbeitung.

um für onlinebasierende Kommunikation zu definieren, dessen Aneignungsformen durch die Benutzer aufgrund der komplexen und multifunktionalen Dienste und Anwendungen sehr heterogen sind (vgl. Döring 2003, S. 42). Erst durch die computervermittelte Kommunikation lässt sich der Cyberspace auf Basis des Internet realisieren (vgl. Thiedeke 2004, S. 27).

4.2 Computervermittelte Kommunikation

Um einen Zugang zu onlinebasierenden Angeboten zu erhalten und somit neue und/oder vertraute Netzwerkmitglieder[66] kontaktieren zu können, bedarf es multifunktionaler bzw. internetfähiger Geräte wie den PC oder das Mobiltelefon[67]. „Alle kommunikativen, d.h. sozialen Austauschprozesse […], die durch einen Computer als vermittelndes technisches Medium stattfinden" und dem zwischenmenschlichen Transfer von Informationen dienen, werden hier als computervermittelte Kommunikation bezeichnet (Misoch 2006, S. 37). Der Computer ist gleichermaßen die Voraussetzung und ein Instrument zur En- und Dekodierung von Medienbotschaften, die über das Internet transferiert werden. Damit die Onlineakteure miteinander kommunizieren können, müssen ihre PCs miteinander vernetzt sein, was durch die Verbindung via Internet gegeben ist (vgl. ebd.). Dies gilt auch für Mobiltelefone, die über einen Onlinezugang verfügen. Mittels Social Network Applikationen wie „Facebook für iPhone" kann über sie eine Verbindung zum Social Web hergestellt werden (Facebook 2010).

Die Formen computervermittelter Kommunikation lassen sich sowohl in synchrone als auch asynchrone Kommunikationsvarianten gliedern. Aufgrund ihrer differenten Sender- und Empfängerstrukturen lassen sich beide Formen der CvK des Weiteren in die Typen der „Individualkommunikation" (one to one), „Gruppenkommunikation" (many to many) und „Uni-, bzw. Massenkommunikation" (one to many) unterteilen[68] (Döring 2003, S. 49, 82; vgl. Misoch 2006, S. 54f.). Je nach Typus wird Kommunikation durch die entsprechende Social Software getätigt.

Das wesentliche Merkmal von synchroner computervermittelter Kommunikation ist der scheinbar zeitgleiche Austausch von Informationen zwischen zwei Einzelpersonen („Indivi-

---

[66] Laut DÖRING (2003) bestehe der Unterschied zwischen der „computervermittelten Kommunikation" und „klassische[r] Individual(tele)kommunikation" darin, dass „sich Internet-Nutzer computervermittelt nicht nur an einzelne Personen aus dem bereits bestehenden sozialen Netzwerk [wenden], sondern […] auch bislang unbekannte Personen im In- und Ausland [kontaktieren] und […] an unterschiedlichen Formen der computervermittelten Gruppenkommunikation [partizipieren]" (S. 43; 127).

[67] In Bezug auf das Mobiltelefon sind damit alle Prozesse gemeint, bei der der Datenaustausch onlinevermittelt abläuft. Wenn beispielsweise Fotos, die mit dem Mobiltelefon aufgenommen worden sind, in einen Blog integriert werden.

[68] Zu beachten ist allerdings, dass die folgende Einteilung wie die Differenzierung der Plattformen und Social Software des Social Web in Kapitel 3 nur zu analytischen Zwecken erfolgt. Anwendungen wie Instant Messenger sind multifunktional ausgestattet und ermöglicht sowohl synchrone und asynchrone computervermittelte Kommunikation[68] (vgl. Döring 2003, S. 80 f.)

dualkommunikation") oder mehreren Teilnehmern („Gruppenkommunikation"), bei denen direkt auf eine Aussage des Gesprächspartners geantwortet werden kann (Döring 2003, S. 81). Social Software wie Instant Messaging oder Programme zur Internettelefonie wie Skype sind zwar in erster Linie auf die Eins-zu-Eins Kommunikation ausgelegt, ermöglichen es allerdings seit den neuesten Versionen, Verbindung auch zwischen mehreren Mitgliedern herzustellen (Skype 2010). Auch wenn „Unikommunikation" zusätzlich auf Webseiten getätigt werden kann, unterscheiden sich diese sozialinteraktiven Internetanwendungen und -dienste von den „herkömmlichen Medien der Individual- und Massenkommunikation" wie Presse, Hörfunk und Fernsehen, weil sie synchrone Kommunikation wechselseitig zwischen mehreren Individuen herstellen können (Caplan 2001; vgl. Döring 2003, S. 82).

Bei der asynchronen computervermittelten Kommunikation findet die Übermittlung der Botschaft an den Adressaten hingegen erst zeitversetzt statt. Zu den populärsten, asynchronen Internetdiensten, die zur Individualkommunikation befähigen, gehört die Verständigung via E-Mail. Mit dieser Technologie kann auch onlinevermittelt kommuniziert werden, falls die Gesprächspartner nicht zum gleichen Zeitpunkt am PC sitzen (vgl. Fawzi 2009, S. 18). So wie Mailinglisten oder Newsboards können auch E-Mails zur Gruppenkommunikation verwendet werden, wenn sie an mehrere Adressaten geschickt werden (Döring 2003, S. 49). Der massenhafte Transfer von Informationen findet ebenfalls wie bei der synchronen CvK über Webseiten in der Form one to many statt, wenn beispielsweise die Administratoren einer Social Network Site wie StudiVZ auf der Anmeldeseite eine Nachricht an alle registrierten Netzwerkmitglieder posten.

4.2.1 Unterschiede zwischen CvK und F2FK

Das erste Merkmal, das die computervermittelte Kommunikation (CvK) von einer Face-to-face Kommunikation (F2FK) unterscheidet, ist die „Entkörperlichung" (Misoch 2006, S. 56). Demnach stehen nonverbale Codes wie Gestik, Mimik, Augenkontakt und Körperhaltung, die Informationen über den Gemütszustand eines Senders enthalten, entweder gar nicht oder nur in Ausnahmefällen[69] zur Verfügung. Wenn sich also „computervermittelte Kommunikation […] [überwiegend] auf textbasierende Online-Kommunikation" beschränkt, so sind auch soziodemografische Merkmale wie Alter und Herkunft für den Kommunikationspartner nicht anhand des äußeren Erscheinungsbild zu erschließen (Döring 2003, S. 128). Diese Unabhängigkeit von realen, physischen Merkmalen befähigt die Internetnutzer zur Konstruktion

---

[69] Bei der Videotelefonie ist zwar die gegenseitige audiovisuelle Wahrnehmung möglich, aber nicht die olfaktorische und gustatorische.

fiktionaler Identitäten und somit zum anonymen Handeln im Internet. Im Gegensatz dazu erschwert das Fehlen von physischen Hinweisen wie Gestik und Mimik, bestimmte Gefühlszustände wie Freude, Enttäuschung, Sympathie oder Antipathie zu artikulieren. Zur Kompensation dieses Umstandes werden textuelle „Emoticons (emotional icons)" wie Smileys oder Buchstabenkürzel eingesetzt (dies. 2003, S. 55). Daher ist die *„Textualität"* das zweite Merkmal von computervermittelter Kommunikation (Fawzi 2009, S. 19, Hervorheb. im Original). Synchrone oder asynchrone Internetdienste wie E-Mail oder Chats ermöglichen es außerdem, trotz geografischer und zeitlicher Distanzen miteinander Informationen auszutauschen. Die „Entzeitlichung - Enträumlichung" bei einer CvK ist somit durch die Unabhängigkeit von raum-zeitlichen Gegebenheiten charakterisiert (Misoch 2006, S. 59). Stammen die Kommunikatoren außerdem aus verschiedenen Ländern bzw. aus unter-schiedlichen sozialkulturellen Kontexten, ist eine CvK gegenüber einer F2FK durch eine „Entkontextualisierung" gekennzeichnet (dies. 2006, S. 60). Ein weiteres Merkmal ist die „Digitalisierung" von Informationen und Formen der CvK. Im Gegensatz zu den verbalen Äußerungen einer F2FK werden Nachrichten digital codiert und auf Internetservern temporär oder dauerhaft protokolliert und gespeichert[70] (dies. 2006, S. 61; siehe **Abb. 3**).

4.2.2 Effekte von computervermittelter Kommunikation

Digitalisierungsmodelle gehen von der Annahme aus, dass Information, die in digitalen Formaten und Strukturen wie „.doc" (Microsoft Office Word Dokumentstruktur), HTML oder Hyperlinks codiert sind, im Gegensatz zur analogen Kommunikation zeitlich schneller, preiswerter und unabhängig von räumlicher Distanz übermittelt werden können (Döring 2003, S. 157; Microsoft 2010). Außerdem würde die „kollaborative Massenkommunikation" gesteigert, weil gleichzeitig mehrere Personen interagieren können (ebd.)

Kanalreduktionsmodelle kritisieren, dass computervermittelte Kommunikation durch das Merkmal der Entkörperlichung zu einer Verarmung der Artikulationsmöglichkeiten führt (vgl. Winterhoff-Spurk & Vitouch 1989, S. 249). Für METTLER-VON MEIBORN (1994, S. 18 f.) und VOLPERT (1985, S. 94) würden durch die Reduzierung auf den textuellen Kanal für Menschen charakteristische Merkmale wie Spontanität oder Emotionalität zu Gunsten des Kommerzes, Ökonomie, Kontrolle und Manipulation verloren gehen. Zwar entgegnen Kritiker des Kanalreduktionsmodells, dass beispielsweise Emoticons auditive, visuelle, olfaktorische, gustatorische und taktile Sinneseindrücke kompensieren könnten (vgl. Weinreich 1997, S. 15, siehe **Abb. 4**). Allerdings ist fraglich, ob Emoticons oder andere

---

[70] Beispielsweise durch das Gesetzt zur Vorratsdatenspeicherung durch die Bundesregierung.

Textkürzel wie „LOL" die Komplexität von Gestik und Mimik, d.h. alle visuellen Hinweisreize, ausnahmslos wiedergeben können[71].

Auch *„Filtermodelle"* basieren auf der Annahme, dass durch die Reduzierung der Kommunikationskanäle bestimmte Informationen verloren gehen (Fawzi 2009, S. 20, Hervorheb. im Original). Sie gehen davon aus, dass durch den Wegfall soziodemografischer Merkmale wie Alter, sozialer Status oder das physische Aussehen die Identifikation des Gesprächspartners erschwert wird. Die Anonymität, die durch das Fehlen dieser Hinweisreize entsteht, bewirkt, dass „soziale Hemmungen, Hürden, Privilegien und Kontrollen [abgebaut werden]" (ebd.). Dieser „Online Disinhibitions Effect" bzw. Enthemmungs-Effekt könnte einerseits positive Auswirkungen wie Offenheit, Selbstkundgabe oder Partizipation veranlassen (Hutter 2010). Andererseits könnte die Anonymität auch dazu missbraucht werden, delinquentes und antisoziales Verhalten wie Cybermobbing auszuüben, weil sich die meisten der Nutzer nicht für ihre Taten verantworten müssen (vgl. Döring 2003, S. 154-157). Sowohl positive Effekte wie eine erhöhte Selbstoffenbarung (vgl. Weisband & Kiesler 1996) und auch negative Effekte wie „Flaming"[72] konnten bereits empirisch nachgewiesen werden (vgl. Barefoot & Strickland 1982, S. 559ff.; vgl. Kiesler, Siegel & McGuire 1984). So merkt auch REED-STEERE (2003) an, dass „die relative Anonymität und körperliche Sicherheit in der virtuellen Umwelt [...] durch ihre enthemmende Wirkung aggressives und beleidigendes Verhalten fördern [kann]"[73] (S. 267).

Durch die computervermittelte Kommunikation wird das Internet zu einem sozialen Raum, indem sich Individuen je nach Intentionen und Interessenschwerpunkte variable und multiple Identitäten konstruieren und „ohne gesellschaftliche Masken miteinander in Kontakt treten können" (Misoch 2006, S. 139). Besonders für Jugendliche, die aufgrund des Wertepluralismus in universalistisch geprägten Industrienationen vermehrt unter Werteunsicherheit leiden, ermöglicht die Anonymität im Netz, bestimmte Charaktermerkmale ihrer Identität überspitzt zu präsentieren bzw. sich den ihnen zugeschriebenen Rollenmustern in der realen

---

[71] DÖRING (2003) sieht eine Ursache für die Kritik am Kanalreduktions-Modell bereits in der Idealisierung der Face-to-Face Kommunikation begründet (vgl. S. 153). FAWZI (2009) fügt allerdings an, dass bereits im Internet neben den Vorzügen von CvK auch auf dessen Gefahren aufmerksam gemacht werden würde (vgl. S. 19). So werden bestimmte Verhaltensregeln, die in sozialen Netzwerken bzw. in Online-Communities als Netiquette bezeichnet werden, verwendet, um den negativen Effekten von CvK zuvor zu kommen.

[72] Flaming ist durch negative Äußerungen, die Beschimpfungen und feindselige Kommentare beinhalten, gekennzeichnet und wird somit in der angloamerikanischen Literatur als anti-soziales Verhalten klassifiziert (vgl. Kiesler et al. 1984, S. 1129).

[73] Ob die Individuen im Internet enthemmter als in der realen Lebenswelt handeln, kann allerdings nicht nur mit Aspekten eines Mediums, wie Anonymität, erklärt werden. JOINSEN (2007) hält fest, dass Individuen bestimmte Medien auswählen, weil sie bestimmte Erwartungen mit den Medienmerkmalen assoziieren, die ihnen zur Befriedigung bestimmter Bedürfnisse nützlich sein könnten (S. 76).

Gesellschaft zu entziehen und sich im Web auszuprobieren. So können soziodemografische und -ökonomische Merkmale wie Klassenunterschiede, Alter, Herkunft oder Geschlecht problemlos durch Nicknames oder „Fake-Identitäten" verwischt oder ausgeblendet werden[74] (Döring 2003, S. 344). KLEIN (2007) ergänzt die Filtermodelle um die These, dass Individuen im virtuellen Raum weniger bewusst sei, in welcher Öffentlichkeit sie agieren (vgl. S. 132). Ihr Verhalten wäre demnach nicht sozialverantwortlich ausgerichtet, womit auch soziale Normen und Kontrollinstanzen an Einfluss und Bedeutung verlieren würden.

Die Nutzung von Social Software ist zu einem festen Bestandteil im Alltag von Jugendlichen geworden (vgl. MPFS 2009). Da Kommunikation generell ein wesentlicher Antrieb für die Fortentwicklung einer Gesellschaft ist, so wirken sich wahrscheinlich auch die Besonderheiten der computervermittelten Kommunikation zukünftig auf den juvenilen Habitus und das Sozialverhalten innerhalb der Gesellschaft aus (Krotz 2001, S. 26-32).

4.3 Definition Cybermobbing

Bei dem Begriff Cybermobbing handelt es sich um das soziale Phänomen Mobbing, das über die Medien wie dem Internet oder über Mobiltelefone praktiziert wird (vgl. 4.2 und 5.1). Literatur und Forschungen über Cybermobbing stammten bis vor wenigen Jahren eher aus dem angloamerikanischen Raum, weshalb auch in Anlehnung an OLWEUS Definition von Bullying im Rahmen des Internets von Cyberbullying gesprochen wird. Die Definitionen der letzten Jahre basieren dabei auf der Annahme, dass Cybermobbing über die konventionellen Merkmale von Mobbing zu definieren sei und das Phänomen sich auf die Medien Internet und Mobiltelefone ausweite. KOWALSKI & LIMBER (2007) definieren dementsprechend Cybermobbing als „bullying through e-mail, instant messaging, in a chatroom, on a website, or through a text message sent to a cell phone" (S. 24). BELSY (2004) charakterisiert das Phänomen als „the use of information and communication technologies such as [...] defamatory personal Web sites, and defamatory online personal polling websites, to support deliberate, repeated, and hostile behavior by an individual or a group, that is intended to harm others" (S. 1). Das Phänomen ist also dadurch gekennzeichnet, dass Dienste der synchronen und asynchronen computervermittelten Kommunikation von den Tätern dazu genutzt werden, um regelmäßig und zielgerichtet wehrlose Opfer zu beleidigen, zu bedrohen und sie im Raum des Internets bloßzustellen, wodurch die Opfer einen psychosozialen Schaden erleiden (vgl. Smith, Mahdavi, Carvalho & Tipett 2008, S. 376; Jäger, Fischer & Riebel 2007, S. 8;

---

[74] NOELLE-NEUMANN (2001) entgegnet, dass gesellschaftliche Integration gerade durch die gegenseitige soziale Kontrolle und die daraus resultierende Isolationsfurcht des einzelnen Individuums funktionieren würde.

Tokunaga 2010, S. 277-287). Cybermobbing ist demnach als ein „aggressives Verhalten" (Grimm, Rhein & Clausen-Muradian 2008, S. 229) bzw. „social aggression" (Willard 2007, S. 1) zu klassifizieren, das im Rahmen des Internets und mittels digitaler Technologien wie dem Mobiltelefon ausgeübt wird.

Cybermobbing ist ein Phänomen, das über Gemeinsamkeiten mit konventionellen Mobbing verfügt. So können Täter beispielsweise die psychosoziale Schädigung des Opfers beabsichtigen. Allerdings ist Cybermobbing durch die technologische Struktur des Internets bzw. durch die Merkmale und möglichen Effekte von computervermittelter Kommunikation bedingt, wie sie im vorherigen Kapitel dargestellt wurden. Auch FAWZI (2009) geht in ihrer Analyse von traditionellem Mobbing darauf ein, dass diesen Bedingungen bislang keine Aufmerksamkeit geschenkt wurde (S. 32). Nach qualitativen Interviews mit Fachexperten und Opfern gelangt sie zu folgender Definition von Cybermobbing:

> *„Cyber-Mobbing ist die Nutzung von Handy- und Internetanwendungen, wie z. B. Foren, Weblogs oder Instant Messenger, um andere Personen zu diffamieren, sie bloßzustellen oder ihren sozialen Beziehungen Schaden zuzufügen. Dies kann in schriftlicher Form, durch Anrufe auf das Handy, mit Fotos oder per Videos stattfinden. Dabei ist der Täter dem Opfer überlegen, denn das Opfer hat nur geringe Möglichkeiten sich zu verteidigen. Werden solche Aggressionen mehr als zwei- oder dreimal über öffentliche Kanäle verbreitet, spricht man von Cyber-Mobbing"* (Fawzi 2009, S. 66, Hervorheb. im Original).

Entsprechend dieser Definition besteht zwar zwischen Täter und Opfer, wie auch bei konventionellen Mobbing, ein Kräfteungleichgewicht. Allerdings ist dies nicht auf physische oder psychische Merkmale bezogen, sondern resultiert aus der Anonymität, die ein Täter zur Schikane nutzen kann. Das Opfer ist dementsprechend wehrlos, weil sie den oder die Täter nicht identifizieren kann. Der Online-Disinhibitions-Effekt kann allerdings auch dazu führen, dass physisch schwächere Personen diejenigen mobben, die in anderen Lebensbereichen stärker wären. „It appears that sometimes less powerful people are using the internet to attack more powerful people or a group of people" (Willard 2007, S. 28).

Die Entkörperlichung bewirkt, dass andere Fähigkeiten wie die technischen Kompetenzen im Vergleich zur physischen Konstitution wichtiger für die Machtausübung im Internet werden. In dieser Definition wird ebenfalls die dauerhafte Speicherung von digitalen Informationen auf Internetservern berücksichtigt. Damit genügt es bereits, einmal einen diffamierenden Medieninhalt im Netz zu veröffentlich, um der betroffenen Person zu schaden. Kommunikationsformen wie Klatsch, die im Alltag nicht ernsthaft eine Schädigungen beabsichtigt, können im Internet durch die dauerhafte Speicherung und der breiten Öffentlichkeit zu Cybermobbing werden (vgl. Fawzi 2009, S. 66). Wird belastendes Material mehr als dreimal im Internet veröffentlicht, kann von einer beabsichtigten Schädigung gesprochen werden (ebd.).

4.3.1 Merkmale von Cybermobbing

Die Merkmale von Cybermobbing ergeben sich durch die Rahmenbedingungen und Effekte des Internets bzw. der computervermittelten Kommunikation. Sie bedingen die Unterschiede zu Mobbing, bei dem die Opfer direkt verbal, physisch und psychisch gemobbt werden.

Wie die Präfix Cyber- impliziert, ereignet sich das Phänomen in einem virtuellen Raum bzw. in einem Online-Netzwerk. Aufgrund der räumlichen Distanz und Reduzierung auf wenige Sinneskanäle sind Täter und Opfer für einander nicht sichtbar. Computervermittelte Kommunikation findet überwiegend textbasierend statt, womit nonverbale Zeichen entweder nicht erkennbar oder nur zeitversetzt asynchron mittels Videos und Fotos vermittelt werden.

Die Anonymität der Täter und Betroffenen bewirkt auch, dass die Erfolge der eigenen Tat oder Reaktionen des Opfers im Gegensatz zu einer F2FK nicht anhand physischer Merkmale zu erschließen sind. Der Täter sieht nicht, dass er mit seinem Handeln Schaden angerichtet hat. Das Opfer weiß gleichzeitig nicht, wer ihm die beleidigenden Nachrichten geschickt hat. Die Unsicherheit für die Betroffenen, nicht zu wissen, wer hinter der Attacke steckt und ob diese Person vielleicht aus dem engeren Bekanntenkreis kommt, kann den psychosozialen Stress auf Seiten der Opfer steigern (vgl. Fawzi 2009, S. 34).

Konventionelles Mobbing ist situationsgebunden, d.h. Täter und Opfer interagieren an bestimmten Orten und Zeiten, wie während der Pause auf dem Schulhof, direkt oder indirekt miteinander. Asynchrone computervermittelte Kommunikationsdienste wie E-Mail oder Blogeinträge egalisieren hingegen die Abhängigkeit von Raum und Zeit. Cybermobbing ermöglicht die Peinigung unabhängig von geografischer Lage und temporärer Situation. Durch die Digitalisierung sind Mobbingeinträge allgegenwärtig online abrufbar und erhalten Einzug in private Lebensbereiche, beispielsweise wenn von dem eigenen PC im eigenen Zimmer neue Kommentare im Social Network abgefragt werden. Konnte sich dem konventionellen Mobbing noch durch den Rückzug ins eigene Zuhause oder mittels eines Schulwechsels entzogen werden, so entfallen bei Cybermobbing alle Schutzräume und Lebensbereiche, die durch das Internet mediatisiert sind. „There's no safe place anymore. You can bullied 24/7 ... even in the privacy of your own bedroom" (Webster 2008).

Ohne die physische Anwesenheit der Akteure ist auch nicht klar, ob sie sich in einem gemeinsamen Handlungskontext befinden. Aufgrund von fehlenden Informationen über den

Charakter einer Person können Textnachrichten daher auch falsch interpretiert werden. D.h. eine Entkontextualisierung kann Kommunikationsstörungen hervorrufen, womit ironische Nachrichten als böse Absicht missinterpretiert werden können und somit die Distanz zwischen den Akteuren vergrößert wird.

Die Digitalisierung und dauerhafte Speicherung von Daten auf den Internetservern führt dazu, dass Cybermobbingeinträge im Gegensatz zu verbal geäußerten Beschimpfungen und Drohungen dauerhaft verfügbar bleiben. Auch wenn die Daten nach kurzer Zeit gelöscht werden[75], entfällt die Kontrolle über die zwischenzeitlichen Zugriffe und Downloads durch unbekannte Internetuser. Einerseits kann sich durch die Digitalisierung die Dauer von Cybermobbing gegenüber konventionellen Mobbing verlängern. Andererseits ermöglicht sie auch, den Täter möglicherweise anhand der IP-Adresse[76] (Internet-Protokoll Adresse) zu identifizieren und ihm durch die dauerhafte Speicherung der Daten seine Tat nachzuweisen (vgl. Fawzi 2009, S. 69).

Die Digitalisierung führt ebenfalls dazu, dass in kurzer Zeit eine potenziell unbegrenzte Öffentlichkeit mittels Online-Kommunikation erreicht werden kann. Im Gegensatz zu konventionellen Mobbing, bei dem nur die Akteure und das Publikum in den Vorfall involviert sind, kann an Cybermobbing, auch aufgrund der globalen digitalen Vernetzung, jedes Individuum teilnehmen, das über einen Internetzugang verfügt. Während im regionalen Raum der Zuschauerkreis eher begrenzt ist, ist es für die Opfer von Cybermobbing aufgrund der Grenzenlosigkeit des virtuellen Raums nicht mehr nachvollziehbar bzw. zu kontrollieren, wie hoch die Anzahl an Teilnehmern ist (vgl. Slonje & Smith 2008, S. 148).

Für Zuschauer von konventionellen Mobbing besteht die Möglichkeit, in die Situation einzugreifen und dem Opfer möglicherweise zu helfen, da sie bei direkten oder indirekten Formen entweder im Beisein beider Akteure oder nur des Täters sind. Da Cybermobbing meist zeitversetzt ausgeübt wird, sind keine Zuschauer anwesend, um einzuschreiten oder den Täter zu unterstützen. Wie das Opfer, so sind auch sie primär Rezipienten eines Mobbing-eintrages und weniger aktiv am Prozess beteiligt.

Insgesamt ergibt sich durch diese Merkmale eine besondere Situation für Opfer von Cybermobbing. Zwar ist es auch ein Kennzeichen konventionellen Mobbings, dass Opfer

---

[75] Daten werden innerhalb von 2-5 Tagen gelöscht, falls dies bei Webadministratoren beantragt wurde und sie entweder in einem Suchmaschinen-Cache oder einem Server lokalisierbar sind (Datenwachschutz 2010). Einige Dienstleistungsunternehmen wie ReputationDefender oder web-killer bieten jedem Internetuser an, private Daten im Social Web vollständig zu löschen. Allerdings nur, wenn die Informationen nicht unter das Daten- und Pressefreiheitsgesetz fallen (vgl. Klawonn 2010).

[76] Die eindeutige Zuordnung einer IP wird allerdings durch einen DNS-Server, der Nutzern im Netzwerk abwechselnd neue IPs zuordnet, erschwert.

aufgrund ihrer physischen und psychischen Ungleichheit dem Täter unterlegen sind. Wie FAWZI (2009) allerdings in ihren Experteninterviews herausstellt, tragen die oben genannten Merkmale dazu bei, dass die Hilflosigkeit der Opfer, die im Internet oder über Mobiltelefone gemobbt werden, noch größer als in Face-to-Face Situationen ist (vgl. S. 71).

4.3.2 Kanäle und Öffentlichkeitsgrade von Social Software

Eine Studie des ZEPF (Zentrum für empirische pädagogische Forschung) zum Thema *Mobbing bei Schülern und Schülerinnen in der Bundesrepublik Deutschland* ergab, dass Jugendliche am häufigsten Instant Messenger, Chaträume, Webseiten, Blogs und E-Mail nutzen, um im Internet andere Personen zu mobben (vgl. Jäger et al. 2007, S. 26[77]; Kowalski & Limber 2007, S. 26; Wolak et al. 2007, S. 55; Opinion Research Corporation 2006, S. 19). In Großbritannien werden am häufigsten Mobiltelefone, gefolgt von SMS und E-Mail für Mobbing verwendet (vgl. Smith et al. 2006, S. 16). Eine Studie des Organisation National Children's Home (NCH) kommt außerdem zu dem Ergebnis, dass 60 Prozent der Opfer, die ihren Täter persönlich kennen, öffentlich gemobbt werden, d.h. es sind Zuschauer involviert (vgl. 2005). Hingegen kommunizieren 82 Prozent der Jugendlichen, die durch Online-Bekanntschaften oder anonym viktimisiert werden, direkt mit ihrem Täter. Ein Publikum ist währenddessen nicht anwesend (vgl. Wolak et al. 2007, S. 52-54).

Bereits in Kapitel 3.2 wurden wesentliche Dienste und Anwendungen des Social Web vorgestellt. Wie in Kapitel 5.2 veranschaulicht wird, lassen sich diese Werkzeuge, die alle potentiell für Cybermobbing genutzt werden können, auch in synchrone und asynchrone Dienste der computervermittelten Kommunikation gliedern. Da die Größe des Publikums bzw. der Öffentlichkeit im Internet einer der wesentlichen Merkmale von Cybermobbing ist, werden nun Netzwerk- und Multimediaplattformen sowie Social Software, Instant Messaging oder Weblogs hinsichtlich ihres Öffentlichkeitsgrades unterschieden[78]. FAWZI (2009) kategorisiert zwischen „Medium", „Kanal" und dessen entsprechenden „Öffentlichkeitsgrad", der entweder „öffentlich", „halböffentlich" oder „privat" ist (S. 35-38).

Öffentliche Internetanwendungen sind für jeden zugänglich. Der Benutzer kann ohne eine Registrierung Medieninhalte wie Videos, Fotos oder Posts rezipieren. Im Internet ist dies auf Video- und Fotoplattformen wie YouTube oder Flikr, auf privaten Webseiten oder in Foren

---

[77] „Handyanrufe" oder „per SMS" waren keine Auswahlmöglichkeiten. Das Ergebnis bezieht sich somit ausschließlich auf Webanwendungen (vgl. Smith et al. 2006).

[78] SMITH ET AL.(2006) entwickeln anhand ihrer Studie folgende Kategorien von Internetdienste- und Anwendungen, über die Cybermobbing stattfinden kann: „Text message bullying; Picture/Video Clip bullying (via mobile phone cameras); Phone call bullying (via mobile phone); Email bullying; Chat-room bullying, Bullying through instant messaging and Bullying via websites" (S. 2).

der Fall. Die Inhalte von halb-öffentlichen Anwendungen und Diensten sind durch eine Registrierung bei der jeweiligen Social Community einsehbar. So sind auch die eben genannten öffentlichen Kanäle teilweise nur einem registrierten Benutzerkreis zugänglich. Des Weiteren besteht diese Hürde auch bei Newsgroups, MUDs (Multi User Dungeons), E-Mail, Chat, Online-Spielen und Videokonferenzen[79].

Bei privaten Internetanwendungen- und diensten bestimmt der Verfasser einer Nachricht, welche Adressaten den Inhalt rezipieren dürfen. Dieser Personenkreis wird zwar wie bei E-Mail und Chat nur durch den Urheber kontrolliert, allerdings besteht aufgrund der Digitalisierung die Möglichkeit, dass die Daten später unbefugten Dritten in die Hände fallen. Beispielsweise, wenn der Adressat ohne Einwilligung des Verfasser Fotos, Videos oder Textnachrichten an fremde Nutzer weitergibt. Aufgrund der Effekte der Digitalisierung kann der Öffentlichkeitsgrad der Kanäle von privat zu öffentlich wechseln[80]. Private Bereiche oder persönliche Daten existieren und werden via MUDs, Social Communities, E-Mail, Chat, Online-Spielen, Videokonferenzen, Internet-Telefonie und Instant Messenger vermittelt. Dienste von Mobiltelefonen wie SMS, MMS oder der persönliche Anruf besitzen ebenfalls einen privaten Öffentlichkeitsgrad. FAWZI (2009) stuft Videos, die über das Mobiltelefon betrachtet werden, sowohl privat als auch halb-öffentlich ein (vgl. **Abb. 5**).

4.4 Formen von Cybermobbing

In der angloamerikanischen Forschung wird zwischen Formen des direkten (verbalen) und indirekten (aggressiven) Cybermobbings unterschieden, die sich dadurch auszeichnen, dass sie entweder synchron computervermittelt oder asynchron computervermittelt kommuniziert werden:

Flaming
Zu direkten Cybermobbing zählt „Flaming", bei dem der Sender an den Empfänger gemeine oder vulgäre Nachrichten sendet (Willard 2007, S. 265). Wenn mehrere solcher beleidigenden Nachrichten auf einander folgen, beispielsweise in öffentlichen Kommunikationsräumen wie

---

[79] Entgegen der Ansicht von FAWZI zählen auch Video- und Fotoplattformen zu Anwendungen, die halb-öffentliche Charakteristika aufweisen. Obwohl es laut den Nutzungsbedingungen von YouTube nicht erlaubt ist, Videos mit rassistischen und/oder hetzerischem Inhalt hochzuladen, werden diese Clips, nachdem sie von Zuschauern als unangebracht deklariert wurden, bisweilen nicht gelöscht, sondern lediglich nur noch für registrierte Nutzer zugänglich gemacht (vgl. YouTube 2010)

[80] Formate wie .jpg bei Fotos oder .flv bei Videos sind auf eine minimale Größe komprimiert und lassen sich in Zeiten sehr schneller Internet- (DSL) bzw. Flatrates für Mobiltelefone (UMTS) ohne viel Auswand schnell im Internet verbreiten. Aufgrund der gestiegenen Interoperabilität der Internetanwendungen, d.h. der Verwendung standardisierter Formate für Medieninhalte, können auch halb-öffentliche zu öffentlichen Kanälen werden, die Inhalte einer breiteren Masse an Rezipienten zur Verfügung stellen (vgl. Fawzi 2009, S. 35f.).

Chatrooms, Online-Spielen wie auch via E-Mail oder beim Instant Messaging wird auch der Begriff „flame war" verwendet (ders. 2007, S. 5-11).

Harassment

Wird nur eine einzelne Person, über in erster Linie direkte bzw. nicht-öffentliche Kommunikationswege wie SMS, E-Mail oder Instant Messenger, gemobbt, spricht WILLARD (2007) von Schikane oder Belästigung (vgl. S. 266). Während Flaming reziprok praktiziert werden kann, findet die Schikane primär einseitig von Seiten des Täters in Richtung Opfer statt.

Cyberstalking

„Cyberstalking" meint die wiederholte und intensive Schikane, Verunglimpfung und Bedrohung von Individuen, um ihnen Angst einzujagen (Willard 2007, S. 266). FAWZI (2009) spricht Cyberstalkern die Absicht zu, aufgrund eines Rachebedürfnisses die „Freundschaften oder [...] den Ruf [der Opfer durch die Verbreitung widersprüchlicher und negativer Informationen zerstören zu wollen]" (S. 39). Somit wird Schikane offenbar zu Cyberstalking, wenn sich der Betroffene massiv bedroht und geängstigt fühlt. Wann Harassment zu Cyberstalking wird, hängt demnach von den individuellen Deutungsschemata und der daraus resultierenden Erwartungshaltung und Intentionszuschreibung des Opfers ab.

Cyberthreats

Als Cyberthreat wird eine direkte oder indirekte Ankündigung bezeichnet, die die vorsätzliche Verletzung oder gar Tötung der Zielperson beinhaltet.

Denigration

Das Ziel einer „Denigration" ist die Schädigung des sozialen Ansehens der Opfer (Willard 2007, S. 266). Wie zum Teil beim Cyberstalking werden falsche oder beleidigende Aussagen über eine bestimmte Person an andere bzw. innerhalb einer häufig halb-öffentlichen Umgebung gepostet, um die betreffende Person zu verunglimpfen. Die verleumderischen Nachrichten, die Klatsch oder auch Lügen beinhalten, gelangen auf indirekten Weg zum Opfer. Entweder sie werden in irgendwelchen Foren im Internet veröffentlicht, so dass sie in Suchmaschinen aufgeführt werden. Oder der Täter schickt die Gerüchte in Form eines fiktiven Textes oder manipulierter Videos und Fotos direkt an die Freunde der Zielperson im sozialen Onlinenetzwerk.

Impersonation

Eine weitere Variante von indirekten Cybermobbing ist das Annehmen einer falschen Identität. Die „Impersonation" dient dazu, dem Ruf des Zielobjekts zu schaden (Willard 2007, S. 266). Dies geschieht vorzugsweise, indem sich der Täter als das Opfer ausgibt und böswillige Nachrichten an dessen Freunde und Bekannte schickt. Dazu reicht es, einen gefälschten Account unter dem Namen des Opfers in einem Forum, Blog oder einer Social Community zu erstellen, in denen die Freunde des Betroffenen registriert sind. Wenn ein Mitglied einer Community seinen Account nicht ausreichend durch ein sicheres Passwort schützt, ist es sogar möglich, den Zugang zu hacken und direkt aus dem wirklichen Profil Beleidigungen und Lügen an befreundete und fremde Mitglieder des Netzwerks zu schicken.

Outing and Trickery

Bei „Outing" und „Trickery" werden persönliche, zum Teil peinliche Informationen über ein Opfer, die die Wirklichkeit darstellen, veröffentlicht, um das soziale Ansehen der Zielperson zu schädigen (ebd.). Für ein Outing werden beispielsweise peinliche Videos und Bilder instrumentalisiert, auf denen das Opfer in einer prekären Lage dargestellt ist. Trickery bedeutet, dass der Täter sich etwa als Freund ausgibt, um der Zielperson intime Informationen über einen Freund zu entlocken und sie danach der Öffentlichkeit im Netz mitzuteilen. Dieser und andere Freunde werden sich voraussichtlich vom Opfer abwenden bzw. es keine Intimitäten mehr anvertrauen, weil es in ihren Augen als Täter gilt, der persönliche Informationen nicht für sich behalten kann. Im Anschluss an Trickery kann es auch zu einer Ausgrenzung (Exclusion) des Betroffenen aus dem Social Network, der Online Community, aus Online-Rollenspielen und Kontaktlisten von Instant Messenger kommen. Diese Variante des indirekten Cybermobbing beinhaltet etwa, dass Freundschafts- oder Kontaktanfragen wie auf StudiVZ oder bei ICQ ohne Begründung abgelehnt werden (ebd.).

Happy Slapping

Ein weiteres Phänomen verdeutlicht eindrucksvoll die Verbindung und Überschneidung der virtuellen und realen Wirklichkeit. Beim Phänomen „Happy Slapping" (fröhliches Draufschlagen) wählt eine Personengruppe meist willkürlich einzelne Personen aus, um auf sie einzuschlagen (Kowalski et al. 2007, S. 46f.). Die Gewaltszene wird gleichzeitig durch ein weiteres Gruppenmitglied mit dem Mobiltelefon dokumentiert. Happy Slapping vereint sowohl direkte/indirekte Formen von konventionellen Mobbing als auch indirekte Formen von Cybermobbing. Dem Opfer werden zuerst durch Schläge und Beleidigungen physische und psychische Schäden zugefügt, um anschließend dessen soziales Ansehen durch die Veröffentlichung des Videos auf dem Schulhof oder in onlinebasierenden sozialen Netzwerken zu schädigen.

By Proxy

Eine weitere Methode, um jemanden im Internet zu mobben, erfolgt „by proxy" (Aftab 2008a). Der Täter beabsichtigt, die sozialen Beziehungen der Zielperson zu zerstören, indem er einerseits die Identität des Opfers instrumentalisiert, um Gerüchte über dessen Freunde im Netzwerk zu verbreiten. Andererseits instrumentalisiert er auch die Freunde des Betroffenen, indem er sie auf die sie betreffenden Verleumdungen hinweist. Anschließend reagieren diese mit der Ausgrenzung des Opfers. „When a cyberbully gets someone else to do their dirty work. Most of the time they are unwitting accomplices and don't know that they are being used by the cyberbully" (ebd.). Bei der Variante by proxy bleibt der Täter dem Opfer in der Regel völlig unbekannt, womit dessen Initiierung des Mobbings in der Regel auch nicht sanktioniert wird.

4.5 Akteure - Ursachen - Auswirkungen

Das ZEPF fand heraus, dass deutsche Jugendliche am häufigsten durch Beleidigungen oder Gerüchte via Mobiltelefon oder Internet Opfer von Cybermobbing werden. Hierbei geben 25% der befragten Opfer an, mindestens 1-8 mal im letzten Monat gemobbt worden zu sein, 6% seinen sehr oft Opfer von Beleidigungen geworden. Zwanzig Prozent wurden aus einer Online Community ausgegrenzt. Neunzehn Prozent haben schon einmal Drohungen und andere unangenehme Nachrichten empfangen, 23% seinen sehr oft Empfänger solcher Botschaften geworden. Zwischen 14% und 18% gaben an, dass eine fremde Person ihre privaten und sensiblen Daten wie E-Mails, Fotos oder Chateinträge an Dritte weitergegeben hat (vgl. Jäger et al. 2007, S. 28). Diese Ergebnisse veranschaulichen, dass am häufigsten indirekte Formen von Cybermobbing verwendet werden, um dem sozialen Ansehen des Opfers zu schaden. Der Prozentsatz derjenigen, die massiv bzw. sehr oft indirekt als auch direkt gemobbt werden, beläuft sich stets auf ca. 5%. Wie FAWZI (2009) festhält, zeigen diese Ergebnisse auch, dass Gerüchte, bei denen intime Informationen über das potentielle Opfer mit Dritten ausgetauscht werden, ein zentraler Aspekt von Cybermobbing sind (vgl. S. 41).

Wie bereits beim konventionellen Mobbing ergeben sich bei der Definition der Akteure des Cybermobbings Schwierigkeiten. Die Merkmale der Akteure werden aus angloamerikanischen und deutschen Studien, von denen ein Großteil allerdings nicht repräsentativ ist, abgeleitet. Somit lassen sich lediglich Tendenzen und nicht zu verallgemeinerbare Schlüsse über die Konstitution der Jugendlichen herausstellen. Im Anschluss an die Beschreibung der Akteure werden mögliche Ursachen und Auswirkungen des antisozialen Verhaltens erläutert.

4.5.1 Täter

Versuche, die Täter nach Typen zu kategorisieren, hat beispielsweise AFTAB (vgl. 2008b) vorgenommen: Racheengel kennzeichnet, dass sie selbst oder ihre Freunde schon Opfer von Mobbing geworden sind und sich nun am Mobber rächen wollen. Macht- und Kontrollsüchtige beabsichtigen, Kontrolle über ihre Opfer auszuüben und damit Macht zu demonstrieren. Ähnlich wie Racheengel rächen sich sog. Streber oder Außenseiter via Cybermobbing an den Tätern, von denen sie in der Schule respektlos behandelt wurden. Die Wortwahl der Kategorie „Mean Girls" ist irreführend, weil sie nämlich auch Jungen beschreibt, die ihre Opfer aus Langeweile oder Spaß mobben (ebd.). Den Unbeabsichtigten ist im Gegenteil zu den vorherigen vier Tätertypen nicht bewusst, dass sie durch ihre Handlung einer Person Schaden zufügen.

Durch fehlende empirische Belege dienen solche Einteilungen nur als Anhaltspunkte zur Typendifferenzierung von Mobbern. Auffällig an AFTABs Überlegungen ist allerdings, dass neben den vermeintlich stärkeren und dominanten Tätern ebenso die Opfer das Internet nutzen, um sich zu revanchieren. FAWZI (2009) wendet sich ab von einer Typisierung der Täter und entwickelt auf Grundlage ihrer Experteninterviews ein Modell des Cybermobbingprozesses, das die Intentionen, das Verhalten und die daraus resultierenden Konsequenzen beinhaltet. Dabei werden die Konsequenzen der Jugendlichen in beabsichtigte und unbeabsichtigte differenziert.

Abb. 6:

Cyber-Mobbingprozess: Intentionen, Verhalten und Konsequenzen (Fawzi 2009, S. 72).

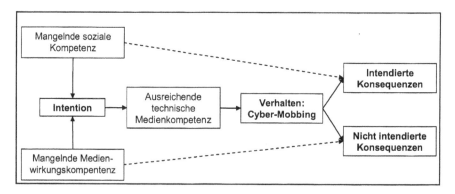

Die Mobber besitzen die Intention, das Opfer zu schädigen und diese Tat gleichzeitig oder zeitversetzt der Öffentlichkeit im Web mitzuteilen. Als Ursache dafür wird mangelnde soziale Kompetenz angeführt. Eine Kompetenz, die nicht auf die Medien beschränkt sei, sondern als

56

grundlegend für die interpersonale Kommunikation und damit Interaktion verstanden werden könne. Dafür verfügen die Mobber hingegen über eine ausgeprägte technische Medienkompetenz. Diese Fähigkeiten basieren auf BAACKEs (1997, 2007) *„instrumentell-qualifikatorische[81]"* Ebene der Medienkunde und auf die *„rezeptiv anwendende[82]"* und *„interaktiv anwendende[83]"* Ebene der Mediennutzung (S. 99, Hervorheb. im Original). Im Gegensatz zum konventionellen Mobbing muss der Täter allerdings nicht besser als das Opfer Medienanwendungen nutzen und bedienen können. Cybermobbing zeichnet sich dadurch aus, dass ein Kräfteungleichgewicht zwischen Täter und Opfer nur bedingt besteht, wenn der Täter aufgrund seiner Anonymität nicht durch die Betroffenen lokalisierbar ist. Die Anonymität und Entkörperlichung verleihen den Opfern allerdings auch die Handlungsmacht, sich trotz physischer Defizite an den Tätern aus dem schulischen oder informellen Alltag zu revanchieren. Technische Medienkompetenz und die *„informative Dimension"* der Medienkunde (Wissen über die Beschaffenheit von Internet, Netzwerkplattformen und Social Software) sind somit gleichzeitig die Voraussetzung, um im Internet zu mobben (Baacke 2007, S. 99, Hervorheb. im Original.).

Genau dieser Aspekt über das Wissen der Auswirkungen des eigenen Handelns ist bei Cybermobbing kontrovers. Denn wenn dem Täter bewusst ist, welche Konsequenzen er durch sein Agieren verursacht, wird als Ursache für sein Verhalten mangelnde soziale Konsequenz angeführt. Verfügen Mobber nur über ausreichende technische Medienkompetenz, sind sich aber den Auswirkungen ihres Handeln nicht bewusst, weil ihn das Wissen über die Mechanismen und die Reichweite der Weböffentlichkeit fehlt, dann ist „mangelnde Medienwirkungskompetenz" der Grund für ihr Handeln (Fawzi 2009, S. 74). In diesen Fällen ist den Mobbern zwar bewusst, dass sie ihr Opfer schädigen, doch nicht mit welchem Ausmaß.

Als Ursachen für das Handeln der Täter lassen sich nach FAWZIs Untersuchungen somit zwei wesentliche Merkmale herausstellen. Mangelnde Medienwirkungskompetenz resultiert durch die Unwissenheit über das Medium Internet und seine implizierten Dienste und Anwendungen. Mangelnde soziale Kompetenz ist ein Merkmal, welches sich auch bei Tätern konventionellen Mobbings zeigt (vgl. Kapitel 4.4 und 4.5). Somit lassen sich auch einige Charakteristika von konventionellen Tätern auf Onlinemobber übertragen. Der Unterschied zu Cybermobbing ist allerdings, dass auch traditionelle Opfer aufgrund umgekehrter oder gleich-

---

[81] Fähigkeit, Medienanwendungen und -dienste wie Webbrowser und Computer bedienen zu können (vgl. Baacke 2007, S. 99).
[82] Fähigkeit, Programmfunktionen nachvollziehen und entsprechend nutzen zu können (ebd.).
[83] Fähigkeit, auf Anfragen und Nachrichten reagieren zu können bzw. mit Individuen über das Netz zu interagieren (ebd.)

wertiger Machtverhältnisse im Internet zu Tätern werden. Medien- und Gesellschaftskritiker in FAWZIs (2009) Interviews sehen den konventionellen Werteverfall in modernen Gesellschaften und den voranschreitenden Egozentrismus sowie Disziplinlosigkeit als Motor für mangelnde soziale Kompetenz (vgl. S. 76). Des Weiteren wird das Desinteresse der Eltern an den Aktivitäten ihrer Kinder als auch mangelnde technische Kompetenzen als Grund dafür gesehen, nicht intervenieren zu können, wenn Jugendliche im Internet andere Personen mobben (vgl. dies. 2009, S. 77). Jugendliche organisieren sich zunehmend selbst und leben mit Freunden in Social Networks und Online Communities nach untereinander ausgehandelten Regeln, die auch antisoziales Verhalten legitimieren können. So handeln beispielsweise rechtsradikale Jugendliche, die sich im Netz organisieren und stilisieren. Die wesentlichen Ursachen liegen in den Effekten der computervermittelten Kommunikation. Die vermeintliche Anonymität gepaart mit einer minimalen Sanktionswahrscheinlichkeit im Netz könnte die Täter motivieren, online-basiert Menschen zu schikanieren, beleidigen, bloß-zustellen und somit ihr soziales Ansehen zu zerstören.

Empirische Studien aus Großbritannien und den USA kommen zu den Ergebnissen, dass zwischen neun und achtundzwanzig Prozent der Jugendlichen zumindest einmal eine andere Person via Internet oder Mobiltelefon gemobbt haben (vgl. Williams & Guerra 2007, S. 18; Ybarra, Diener-West & Leaf 2007, S. 140). Der Altersdurchschnitt der Täter liegt dabei zwischen 15 und 17 Jahren, womit er generell höher ist, als bei konventionellen Mobbern. Während konventionelles Mobbing im Durchschnitt mit zunehmenden Alter sinkt, sind Fälle von Cybermobbing besonders im Jugendalter präsent und steigen mit zunehmenden Alter bis zum Beginn der Postadoleszenz an (vgl. Kowalski & Limber 2007, S. 25; Williams & Guerra 2007, S. 18). Jungen werden laut KATZER und FECHTENHAUER (2007, S. 130) eher zu Tätern, während KOWALSKI & LIMBER (2007, S. 25) annehmen, dass Mädchen sowohl als Täter als auch Opfer in Erscheinung treten und somit zur Gruppe der „Täter-Opfer" gehören. Cybermobber sind zuvor selbst Opfer von konventionellen Mobbing (56% Täter-Opfer, 50% Täter) und Cybermobbing (20%) geworden (Fawzi 2009, S. 42). Jugendliche, die über einen Rückhalt in der Peergroup verfügen, d.h. über soziale und hilfsbereite Freunde, mobben tendenziell seltener (Williams & Guerra 2007, S. 18f.). Zweiunddreißig Prozent der Online-Täter fühlen sich kompetent im Umgang mit dem Internet und empfinden es als wichtigen Bestandteil ihres Lebens. Sie verbringen mehr Zeit im Internet als andere Jugendliche (21% im Gegensatz zu 12%). Fast 50% der Befragten, im Vergleich zu Nicht-Mobbern, definieren ihre Beziehung zu den Eltern als schlecht (vgl. Ybarra & Mitchell 2004, S. 327f.). Ihre Opfer sind überwiegend Mitschüler (41%), Freunde (32%) und Geschwister (12%), die sie aufgrund von Motiven wie Langeweile, Aufmerksamkeit, Machtbedürfnis, Eifersucht, „cool sein" und als Revanche für konventionelles Mobbing belästigen, bedrohen und diffamieren (vgl. Kowalski & Limber 2007, S. 26f.). Die Anonymität und geringe Sanktionswahrscheinlichkeit bei Cybermobbing verschafft ihnen ein Sicherheitsgefühl, ebenso wie der indirekte Kontakt mit dem Opfer ihnen ihre Handlungen erleichtert (vgl. Kowalski & Witte; zit. n. Kowalski et al. 2008, S. 59).

4.5.2 Opfer

Das ZEPF der Universität Koblenz-Landau gelangt in seinen Untersuchungen zu dem Ergebnis, dass 19,9% der deutschen Jugendlichen zwischen dem ersten und dreizehnten Jahrgang bereits Opfer von Cybermobbing geworden sind. Bei 22% der Befragten ging das Mobbing nicht von einem Mitschüler, sondern von „jemand andere[m]" aus. Während dreizehn Prozent der Mobber Freunde der Opfer sind, werden ca. zehn Prozent als Onlinebekanntschaft klassifiziert. Den Schlussfolgerungen von JÄGER ET AL. (2007) zufolge, nehme direktes physisches und verbales Mobbing mit zunehmenden Alter ab, während Cybermobbing ab dem 8. Schuljahrgang deutlich ansteige (vgl. S. 10-12). Die JIM-Studie 2009 kommt zu den Ergebnissen, dass 25% der befragten Jugendlichen im Internet mit Mobbing konfrontiert worden sind. Über 14% der Jugendlichen geben außerdem an, dass über sie im Internet schon einmal falsche oder beleidigende Tatsachen und Gerüchte verbreitet wurden (vgl. MPFS 2009, S. 48).

In angloamerikanischen Studien variiert die Zahl der Betroffenen von Cybermobbing zwischen sieben (vgl. Ybarra & Mitchell 2004, S. 251) und dreiundvierzig Prozent (vgl. Moesser 2007, S. 1). Studien von YBARRA ET AL. (2007b, S. 140) und HINDUJA & PATCHIN (2008, S. 141) kommen zu dem Ergebnis, dass 35% der befragten Heranwachsenden betroffen sind. Eine regelmäßige Viktimisierung erfolgt bei 7-8% (vgl. Smith et al. 2008; Ybarra et al. 2007a). Mit zunehmendem Alter steigt sowohl die Anzahl der Täter als auch die der Opfer sukzessiv an, so dass die Gruppe der 15-16 Jahre jungen Heranwachsenden am meisten gemobbt werden (vgl. Moesser 2007, S. 2). Im Gegensatz zum konventionellen Mobbing sind allerdings eher Mädchen von Cybermobbing betroffen (Smith et al. 2008, S. 380; Kowalski & Limber 2007, S. 25; Moesser 2007, S. 1).

Die Anonymität im Internet bewirkt, dass zwischen 26% (vgl. Opinion Research Corporation 2006, S. 21) und 72% (vgl. NCH 2005, S. 3) der Opfer nicht die Identität des Täters kennen. Allerdings geben 55% der Opfer an, mehrmals durch den gleichen Täter gemobbt worden zu sein (vgl. Ybarra 2004, S. 251). Im Gegensatz dazu, war 52% der Jugendlichen bewusst, dass es sich um einen mobbenden Mitschüler handelt. Derweil stammen 52% der jugendlichen Täter, die sowohl Täter als auch Opfer von Cybermobbing waren, aus dem Freundeskreis. Zwölf Prozent der Opfer bzw. sechzehn Prozent der Täter-Opfer sind Geschwisterteile (vgl. Kowalski & Limber 2007, S. 28).

LENHART (2007, S. 4) sowie YBARRA ET AL. (2006, S. 1172f.) fanden heraus, dass Jugendliche, die mit hoher Wahrscheinlichkeit viktimisiert werden, einerseits soziale Probleme haben, Social Software wie Instant Messenger, Weblogs oder Chats nutzen und in den meisten Fällen auch selbst Täter sind. Demografische Merkmale wie Herkunft und Alter sind ebenso wie die Nutzungsdauer am Tag irrelevant. Wie auch beim konventionellen Mobbing verfügen die jugendlichen Opfer über wenig Selbstvertrauen und gehemmtes Verhalten gegenüber anderen Jugendlichen, als die Heranwachsenden, die nicht online gemobbt werden (vgl. Kowalski et al. 2008, S. 83 f.). Ergebnisse von YBARRA ET AL. (2007a) zeigen zudem, dass 23% der Opfer von Cybermobbing auch Opfer von konventionellen Mobbing sind (S. 47-49). Siebenundvierzig Prozent der regelmäßig betroffenen Opfer geben dabei an, auch in anderen Lebensbereichen wie der Schule oft gemobbt zu werden.

In FAWZIs (2009) Experteninterview werden Auswirkungen von Cybermobbing auf die Opfer als massiv bewertet (vgl. S. 83). Demnach wirken sich Vorfälle von Mobbing im Internet auch auf die Realität der Jugendlichen aus. Um sich der Schikane zu entziehen, reiche es nicht, den PC oder das Mobiltelefon auszustellen bzw. die negativen Medieninhalte im Netz einfach zu ignorieren. Es sei zudem wichtig die Opfern, die eine labile psychische Verfassung haben, von denen zu unterscheiden, auf die Cybermobbing kaum Effekte hat. Dieses Merkmal ist wie beim konventionellen Mobbing ein entscheidender Faktor, der zur Klärung beiträgt, ob eine Handlung als Mobbing zu deklariert ist.

Hinsichtlich der Frage, wann Handlungen im Internet oder über das Mobiltelefon zu Cyber-mobbing werden, listet die Niedersächsische Landesmedienanstalt (NLM) (2008, S. 233) fol-gende Variablen auf: Erstens müsse die Wahrnehmung bzw. das persönliche Empfinden des Opfers negativ geprägt sein. Zweitens ist die Intention des Täters entscheidend, d.h. welche Ziele der Mobber verfolgt. Der dritte Aspekt bezieht sich auf den Inhalt von Textnachrichten, Fotos, Videos oder Voice-Mail. Beinhalten sie Drohungen, Lügen oder Diffamierungen? Viertens ist zu klären, ob das Opfer der Produktion oder der Veröffentlichung des Inhalts zu-gestimmt hat. Die fünfte Variable ist das Publikum. Wie interpretiert es negative Kommentare auf einer Webseite eines Freundes und wie reagieren die Zuschauer anschließend darauf?

Bestimmte Auswirkungen auf die Opfer sind sowohl beim konventionellen Mobbing als auch bei Cybermobbing zu beobachten. Die Jugendlichen leiden einerseits an physischen Folgen wie Kopf- und Bauchschmerzen aber auch an psychischen Auswirkungen wie ein geringes Selbstbewusstsein oder Selbstwertgefühl. Die Effekte von Cybermobbing seien allerdings aufgrund der breiteren Öffentlichkeit und längeren Verweildauer der Mobbingeinträge intensiver, weil sich ein Rückzug aus den Bereichen aufgrund der Allgegenwärtigkeit der Information schwer realisieren ließe (vgl. Fawzi 2009, S. 85). Damit hat Cybermobbing auch Auswirkungen auf das Verhalten der Opfer in der Realität. Nicht zu wissen, wer einen im Internet gemobbt hat, kann bei den Opfern möglicherweise zu Paranoia und ständigen Angstzuständen führen (ebd.)

FAWZI (2009) entwirft auf der Grundlage der Theorien der „reziproken Effekte" von DASCHMANN (2007) und KEPPLINGER (2007) ein Modell, das die Auswirkungen der computervermittelten Kommunikation auf das Verhalten der Opfer erklärt[84]. Reziproke Effekte ergeben sich demnach, wenn über Personen in öffentlichen Medien wie dem Internet berichtet wird und dieses sich auf das Verhalten der Individuen auswirkt. Diese Effekte würden alle Personen betreffen, über die in den Medien berichtet wird.

KEPPLINGER und GLAAB (2005) fanden heraus, dass Berichterstattungen in den Medien psychosoziale Auswirkungen bei den betroffenen Personen bewirken. Die befragten medienerfahrenen und unerfahrenen Nutzer zeigten emotionale Reaktionen: 83% ärgerten sich, 57% fühlten sich hilflos und 34% fühlten sich verlassen. Fünfundvierzig Prozent der Befragten nahmen anschließend von Personen aus ihrem sozialen Umfeld Verhaltensänderungen wie sozialen Rückzug wahr (vgl. S. 127-132). Durch den Inhalt der Berichterstattung können einerseits direkte Effekte auf das Opfer entstehen, die unmittelbar durch Kognitionen, Bewertungen, Emotionen und das Verhalten der Betroffenen beeinflusst sind. Indirekte Effekte[85] auf das Opfer treten hingegen auf, wenn das soziale Umfeld wie Freunde, Familie und Lehrer aufgrund der Berichterstattung ihr Verhalten gegenüber der betroffenen Person ändern (vgl. Kepplinger 2007, S. 7). Die Emotionen der Betroffenen gehen aufgrund der Öffentlichkeit im Web noch weit über die eigentliche Peinigung hinaus. Wie EISENBERGER, LIEBERMAN & WILLIAMS (2003) herausstellten, verursacht soziale Ausgrenzung, besonders durch die Wahrnehmung des Umfeldes, ebenso viele Schmerzreize

---

[84] Das Modell ist das Ergebnis eines qualitativen Interviews mit jeweils zwei Schülern und Lehrern, die Opfer von Mobbing im Internet geworden sind (vgl. Fawzi 2009, S. 88-103).

[85] LAMP (2008) differenziert indirekte Effekte noch in die primäre und sekundäre Viktimisierung, bei denen ersteres Bezug auf die Reaktionen der Umwelt nimmt, zweites allerdings durch das Opfer unterstellte Reaktion der Freunde meint (S. 86 f.).

im Gehirn wie ein eine physische Schädigung (S. 290-292). Das Medium Internet schafft eine Distanz zwischen Täter und Opfer, wodurch das Agieren im Netz als anonym wahrgenommen wird, was allerdings gleichzeitig auch als Kontrollverlust vom Opfer interpretiert wird. Durch die digitale Form des Mobbing, wie bei Textnachrichten oder Fotos, wird das Mobbing viel deutlicher durch die Betroffenen wahrgenommen. Aus der Unabhängigkeit von Zeit und Raum sowie aus der Dauerhaftigkeit ergibt sich einerseits, dass sich die Opfer verunsichert fühlen, weil nicht kalkulierbar ist, ob nicht weitere Mobbingeinträge dazugekommen sind. Des Weiteren führt der Umstand, dass eine unüberschaubare Masse an Personen den negativen Inhalt vor seiner Löschung rezipieren und kopieren kann zu einem Gefühl des oben genannten Kontrollverlustes. Dies ist auch durch die Größe der Öffentlichkeit bedingt. Die Öffentlichkeit im Internet ist es letztendlich, die bei den Opfern einen entscheidenden Einfluss auf die Emotionen und ihr Verhalten hat. Die Studie zeigte zudem, dass konventionelles Mobbing und Cybermobbing nicht nur Gemeinsamkeiten hinsichtlich der physischen und psychischen sowie sozialen Auswirkungen auf die Opfer und Täter aufweisen, sondern dass sich beide Formen von Mobbing gegenseitig bedingen können. Demnach werden Schüler, die auf dem Schulhof gemobbt werden, auch im Internet schikaniert. Opfer, die in der Schule gemobbt werden, revanchieren sich an ihren Tätern im Internet (vgl. Fawzi 2009, S. 110). Umgekehrt können Jugendliche aufgrund ihrer Online-Viktimisierung auch in der Realität zu Opfern werden.

Abb. 7:

Prozess der Auswirkungen auf die Opfer (Fawzi 2009, S. 108).

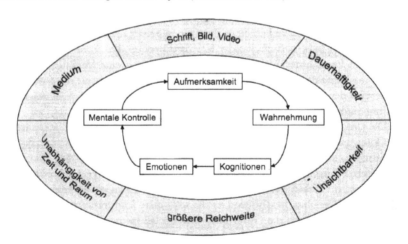

Das Modell zeigt letztlich, dass Formen von Cybermobbing zu negativen Folgen wie psycho-sozialen Stress oder Dis-Stress führen können, wenn das Opfer den Mobbinginhalten zu viel Aufmerksamkeit widmet und die Auswirkungen nicht mehr selbstständig kontrollieren kann.

4.5.3 Zuschauer

Im Vergleich zum konventionellen Mobbing ist die Wahrscheinlichkeit, dass die Zuschauer hilfreich eingreifen geringer, da sie nur selten direkt anwesend sind, wenn jemand gemobbt wird. Denn Cybermobbing erfolgt überwiegend indirekt via E-Mail oder durch Kommentare, die mittels eines Fake-Profils gepostet werden. Bei direkter, privater bzw. halb-öffentlicher Social Software wie Instant Messenger ist hingegen kein Publikum anwesend (vgl. Jäger et al. 2007, S. 26). Der Eingriff durch das Publikum ist allerdings leichter, wenn Cybermobbing in Chaträumen geschieht. Da die computervermittelte Kommunikation zwischen den einzelnen Akteuren synchron verläuft, ist auch der direkte Zuspruch bzw. eine Ablehnung des Verhaltens durch Symbole wie Emoticons zu demonstrieren (vgl. Kowalski et al. 2008, S. 64). SHARIFF und JOHNNY (2007) stellen allerdings fest, dass 30% der Zuschauer eher die Täter unterstützen, als dem Opfer zur Hilfe zu kommen (S. 312).

4.6 Gesetzliche Sanktionen von Mobbinghandlungen

Bislang gilt Mobbing, ob in Face-to-Face Situationen oder via Internet und Mobiltelefon, noch nicht als Straftatbestand des deutschen Strafgesetzes. Wenn Mobbing auch nicht selbst bestraft wird, können trotzdem Bestandteile der Mobbinghandlung strafbar sein: Das Strafgesetzbuch untersagt einerseits Beleidigungen (§ 185), üble Nachrede (§ 186) und Verleumdungen (§ 187). Außerdem wird diejenige Person straffällig, die einem Menschen unbefugt nachstellt (§ 238), körperliche Gewalt androht (§ 240, § 241), sexuell nötigt (§ 177), erpresst (§ 253) sowie den persönlichen Lebensbereich durch Bildaufnahmen verletzt (§ 201a) oder das nicht öffentlich gesprochene Wort eines anderen auf Tonträger aufzeichnet (§ 201). Das Urheberrecht (UrhG) regelt mit §§ 12, 13, und 14 das Veröffentlichungsrecht, die Anerkennung von Urheberschaft und die Einstellung eines Werkes. Die Publikation von Bildern oder Videos, die ohne die Zustimmung des Urhebers erfolgt, verletzt das Persönlichkeitsrecht und das Recht am eigenen Bild. Nach § 22 Kunsturhebergesetz dürfen Bildnisse nur mit Einwilligung des Abgebildeten verbreitet oder öffentlich zu Schau gestellt werden (vgl. Kindhäuser 2010).

Jugendliche sind laut § 19 StGB ab dem 14. Lebensjahr schuldfähig und werden nach dem Sozialgesetzbuch VIII (Kinder- und Jugendhilfe) sanktioniert. Bis zu ihrem 17. Lebensjahr werden die Taten der Heranwachsenden nach dem Jugendstrafrecht, einem Sonderecht des Strafrechts, verfolgt. Im Jugendstrafrecht stehen fast ausschließlich spezialpräventive (erzieherische) Gesichtspunkte im Vordergrund[86]. Im Internet wird der Schutz von Kindern und Jugendlichen hingegen über das Medienrecht (TMG) und den Jugendmedienschutz-vertrag (JMStV) reglementiert (vgl. Volkmer & Singer 2007, S. 284f.). Das Telemedien-gesetz (TMG) regelt rechtliche Rahmenbedingungen für alle elektronischen Informations- und Kommunikationsdienste, solange sich die Dienstanbieter nach §§ 1 und 3 im eigenen Herkunftsland befinden (vgl. Bundesministerium für Justiz 2007).

Diese Paragraphen lassen sich sowohl für die Sanktion von entsprechenden Vergehen im Rahmen von Mobbing, als auch von Cybermobbing anwenden. Dennoch wird der Täter damit nur unzureichend bestraft, da nur einzelne strafbare Handlungen, nicht aber das Mobbing bestraft wird. Diese Problematik ergibt sich aus der fehlenden bzw. zu allgemeinen Definition von Mobbing, die die Intensität und Dauer der Vergehen nicht klar festlegt. Während in der Realität Handlungen mehrmals ausgeführt werden müssen, um als Mobbing zu gelten, können im Internet Zielpersonen bereits psychosozial geschädigt werden, wenn nur eine verleumderische Botschaft in ein öffentliches Netzwerk gestellt wird. Durch das mehrmalige Wiederholen einer antisozialen Handlung, ist es einfacher, dem konventionellen Mobber eine Absicht zu beweisen. Im Web gilt dies zwar auch, allerdings kann bereits einmaliges Mobben aufgrund der Beständigkeit und Replizierbarkeit von Daten zu einer fahrlässigen und anhaltenden Schädigung des Opfers führen. Indes ist dieses Verhalten in den meisten Fällen nicht durch den Täter beabsichtigt, sondern resultiert aus einer mangelnden Medienwirkungs-kompetenz (vgl. Kapitel 4.5.2). Somit gälte bei der Bewertung und Sanktion von Mobbing, das jeweilige Strafmaß an der Intention des Täters und der Intensität seiner Handlungen auszurichten.

Im Internet besteht zudem die Problematik, dass Straftaten nach nationalem Recht sanktioniert werden, obwohl das WWW ein globales Netzwerk aus Servern ist und über keine regionalen und kontinentalen Grenzen verfügt. Auch bei der Kontrolle von Webinhalten sowie dem Ergreifen gesetzlicher Maßnahmen zur Sanktion von Cybermobbing, ergeben sich Schwierigkeiten, die auf der Unverhältnismäßigkeit zwischen globalem Internetraum und nationaler Rechtsprechung beruhen: So sind Betreiber von Social Network Sites zwar dazu

---

[86] Unter Umständen findet das Jugendstrafrecht auch auf Heranwachsende Anwendung. Als Heranwachsende bezeichnet das Gesetz Menschen, die das 18. Lebensjahr, aber noch nicht das 21. Lebensjahr vollendet haben. Das Strafmaß der Tat eines Heranwachsenden fällt nach § 105 JGG unter das Jugendstrafrecht, wenn die sittliche und geistige Entwicklung noch einem Jugendlichen entspricht oder die abzuurteilende Tat jugendtypische Züge aufweist. Erwachsene, Personen ab 21 Jahren, unterliegen ausschließlich den Vorschriften des allgemeinen Strafrechts.

verpflichtet, ein Impressum zu führen, für die Inhalte und Links auf ihren Webseiten zu haften, das Urheberrecht zu beachten und ihre Angebote nach dem Jugendschutzgesetz, Strafrecht, Zivilrecht und Domainrecht zu betreiben. Allerdings werden seit den Änderungen des Staatsvertrages für Rundfunk- und Mediendienste 2007 redaktionell gestaltete Webinhalte ausschließlich von den Ländern überprüft. Forenbetreiber sind somit zwar für die Verwaltung und Überwachung ihrer eigenen Inhalte verantwortlich. Sie sind allerdings nur nach Hinweisen über die Rechtswidrigkeit eines Inhalts auf ihren Seiten dazu verpflichtet, ihn zu löschen (§ 7 Abs.1 und 2 TMG). Das selbstständige Handeln der Opfer wird zudem durch den juristischen Akt erschwert, dass für eine Löschung verleumderischer und diffamierender Inhalte im Internet, in der Regel erst eine Strafanzeige gegen den/die Täter bzw. den Provider gestellt werden muss.

Um ein wirksames Internetgesetz gegen Cybermobbing zu entwickeln, bedarf es also einerseits einer klaren und einheitlichen Definition von Cybermobbing sowie einer Regelung des Strafmaßes, die sowohl fahrlässige Handlungen als auch subjektive Eindrücke der Opfer nach einem bestimmten Regelwerk für die Schuldzuweisung verwendet. Des Weiteren sollte die UN die Sanktion von Cybermobbing auf globaler Ebene vorantreiben und nationale in internationale Rechtsprechung umwandeln. Dies bestätigt auch das Beispiel des südkoreanischen Gesetzes gegen Cyber-Mobbing im Jahr 2007: Um Foren und anderen Social Web Diensten zu nutzen, müssen bei der Registrierung sowohl die Sozialver- sicherungsnummer als auch der richtige Name angegeben werden, um eine eindeutige Identifikation zu ermöglichen (Greif 2008). Für den technisch kompetenten Internetnutzer reicht es bereits aus, sich ein Firefox Addon wie „Foxy Proxy" zu installieren, mit dem nationalen Internetseiten eine ausländische IP vorgegaukelt wird und staatliche Grenzen umgangen werden können[87] (Jung 2010). Betreiber von Social Web Diensten müssen lediglich ihren Server in ein Land umsiedeln, das zur Registrierung bei Social Web Ange- boten nicht die Eingabe realer, soziodemografischer Daten verlangt.

---

[87] Eine Liste von ausländischen Proxyservern findet sich auf: http://www.publicproxyservers.com/page1.html

5 Öffentlichkeit und Privatheit in Social Networks

Soziale Online-Netzwerke haben sich innerhalb kürzester Zeit verbreitet und sich zu einem zentralen Bestandteil des Medienalltags von Jugendlichen entwickelt. Damit einher geht auch eine neue Qualität der Beziehungsarbeit, mit der Jugendliche heute selbstverständlich aufwachsen.

Im Oktober 2010 waren die VZ-Netzwerke (SchülerVZ, StudiVZ, MeinVZ) nach Angaben der Informationsgemeinschaft zur Feststellung der Verbreitung von Werbeträgern (IVW) mit insgesamt 368.503.401 Visits in Deutschland die am meisten besuchten Internetseiten Sozialer Online-Netzwerke (IVW 2010). Im Ranking der derzeit in Deutschland am häufigsten genutzten Internetangebote liegen sie hinter dem T-Online Content auf Platz 2. Globaler Marktführer bei den Sozialen Online-Netzwerken ist hingegen der amerikanische Anbieter Facebook, der von insgesamt 1,8 Milliarden Menschen, die weltweit über einen Internetzugang verfügen, mehr als 500 Millionen Besuche im letzten Monat verzeichnen konnte (vgl. Zuckerberg 2010; Internet World Stats 2010). Diese Popularität spiegelt sich auch in den Ergebnissen des juvenilen Nutzungsverhaltens wider. So war 2008 die Hälfte aller 14-19 jährigen Jugendlichen in einem Sozialen Online-Netzwerk registriert (vgl. Fisch & Gscheidle 2008). In der JIM-Studie 2009 wurde anschließend festgestellt, dass 72% der 12- bis 19-Jährigen regelmäßig (d.h. täglich oder mehrmals in der Woche) Netzwerkplattformen nutzen (vgl. MPFS 2009).

Neben der Popularität Sozialer Online-Netzwerke zeigt sich allerdings noch ein weiterer Trend. So sind 2008 33% der 14-29 Jährigen gleichzeitig in mehreren sozialen Netzwerken angemeldet gewesen (Fischer & Gscheidle 2008, S. 361). Laut der Studie *Medienkonvergenz Monitoring – Soziale Online-Netzwerke Report 2010,* in der 8.382 Personen befragt wurden, beträgt der Prozentwert nun 70,3 (Schorb, Kießling, Würfel & Keilhauer 2010, S. 10). Die Ergebnisse zeigen, dass die Anzahl der genutzten Social Networks mit dem Alter kontinuierlich zunimmt, so dass die Gruppe der 18-19- Jährigen im Durchschnitt bei zwei bis drei Netzwerken angemeldet ist. Diesbezüglich nutzen sowohl mehr Mädchen als Jungen sowie Befragte mit einem niedrigeren Bildungsabschluss häufiger die entsprechenden Angebote als Jungen oder Individuen mit einem höheren Bildungsabschluss (dies. 2010, S. 11). Besonders die Netzwerkplattform SchuelerVZ wird von 92% der Befragten oft bis sehr oft verwendet. Insgesamt 14% der Befragten nutzen neben den beliebtesten Sozialen Online-Netzwerken wie SchuelerVZ, Myspace, StudiVZ, wer-kennt-wen, Facebook, SchülerCC, und Lokalisten auch synchrone Online-Dienste wie ICQ, MSN oder Skype, mit denen sie direkt interpersonal kommunizieren (Schorb et al. 2010, S. 9). Alle diese Ergebnisse veranschaulichen, dass sich die soziale Wirklichkeit von Jugendlichen mit zunehmendem Alter sukzessiv mehr online realisiert und das die synchrone und asynchrone Kommunikation via Soziale Online-Netzwerke bereits ritualisiert ist. So antwortet beispielsweise der 17- Jährige MICHAEL, dass er regelmäßig in Sozialen Online-Netzwerken unterwegs ist oder zumindest die Anwendungen im Hintergrund laufen lässt, währenddessen er auf anderen Webseiten surft (vgl. dies. 2010, S. 7). Heranwachsende widmen sich also nicht stets dem aktuellen Geschehen in der Online Community, sondern verwenden interaktive Angebote im Web meist parallel.

Jugendliche nutzen Online-Communities wie die VZ-Netzwerke hauptsächlich, um Identitätsmanagement bzw. Beziehungsmanagement zu betreiben (vgl. Schmidt 2009, S. 71-103). D.h. sie verwenden das eigene Profil, um Facetten ihrer realen Identität zu präsentieren oder um sich fiktionale Identitäten zu konstruieren, die mit ihren persönlichen und kulturellen Vorlieben übereinstimmen. Mitglieder von Jugendszenen charakterisieren sich beispielsweise über Fotos, die sie auf einem adäquaten Szeneevent zeigen oder indem ihr Profilname einer Figur aus einem Rollenspiel entspricht. Das eigene oder die eigenen Profile auf einer bzw. mehreren Social Network Sites dienen Jugendlichen dazu, ihre Persönlichkeit oder bestimmte Wunschidentitäten mit Hilfe von Pseudonymen, Bildern, Videos und internen Gruppenzugehörigkeiten der Netzwerkgemeinde zu demonstrieren. Das primäre Motiv der jugendlichen Internetnutzer ist es allerdings, die Online-Netzwerke bzw. die integrierten Varianten der Social Software zu instrumentalisieren, um mit Freunden aus der Region oder Personen aus bestimmten Interessengemeinschaften in Kontakt zu treten und diese sozialen Beziehungen auch ständig durch wechselseitigen Schriftverkehr zu bestätigen und zu pflegen. Die Produktion von und Kommunikation über User-Generated Content dient somit neben der Selbstdarstellung auch dem Austausch lebensweltlicher Erfahrungen und somit der sozialen Interaktion über digitale Medien. Die Abspeicherung der einzelnen Beziehungen in Kontaktlisten sowie die zahlreichen Formen asynchroner und synchroner bzw. öffentlicher und privater Kommunikationswege wie Instant Messaging, Blogs, Tweets oder E-Mail werden verwendet, um schnell und ohne räumliche und teilweise auch ohne zeitliche Grenzen mit anderen Netzwerkmitgliedern in Kontakt zu treten. Somit realisieren erst diese Werkzeuge und Eigenschaften der computer-vermittelten Kommunikation die mediale Vernetzung (vgl. Schorb et al. 2010, S. 4).

Mit der ansteigenden Beliebtheit sozialer Netzwerke im Internet, als auch dessen multiplen Varianten der direkten oder indirekten computervermittelten Kommunikation, steigen auch die Vorfälle von Cybermobbing. Laut einer Online-Umfrage des Zentrums für empirische pädagogische Forschung (ZEPF) wurde im Jahr 2007 bereits jeder fünfte Jugendliche in Deutschland schon einmal im Internet gemobbt. Hauptmedium ist Instant Messaging (IM) (vgl. Jäger e al. 2007). In der JIM-Studie 2008 bestätigt jeder sechste Jugendliche die Aussage, dass man andere in Communitys gut ärgern kann. Ein Viertel der 12- bis 19-Jährigen berichtet, dass sie in einem sozialen Netzwerk bereits von Mobbing betroffen waren (vgl. MPFS 2008). In der JIM-Studie 2009 geben dem entsprechend 25% der Befragten an, schon einmal mit Cybermobbing in Kontakt gekommen zu sein. Dreiunddreißig Prozent der Mädchen und 20% der Jungen berichtet darüber, wie jemand aus ihrer Peergroup im Internet, also in einer Online Community oder in einem Chatroom, „fertig gemacht [wurde]" (MPFS 2009, S. 48). Hingegen geben 42% der Internetnutzer an, dass schon einmal Videos oder Fotos, auf denen sie selbst abgebildet waren, ohne ihre Zustimmung online veröffentlicht wurden. Vierzehn Prozent ist es schon einmal passiert, dass falsche Behauptungen oder Beleidigungen über sie im Internet verbreitet wurden. Daraufhin berichten 25% der Jugendlichen, wegen der Unwahrheiten im Internet sogar anschließend im Freundeskreis Ärger bekommen zu haben (ebd.). Daran zeigt sich, dass die Lebenswirklichkeit von Jugendlichen nicht mehr eindeutig getrennt in Realität und Virtualität betrachtet werden kann. Soziale Beziehungen, Werte und Normen im Internet dienen den Jugendlichen als Sozialisationsinstanzen und -faktoren, die ihr Handeln in der Familie, Peer oder Schule beeinflussen. Dementsprechend nutzen etwa jugendkulturellen Szenen das Internet, um sich auf Webseiten, in Foren, Blogs oder Online-Communities zu organisieren, stilisieren und sich gegenüber anderen Gesellschaftsgruppen wie der Elterngeneration abzugrenzen (vgl. Hitzler et al. 2005, S. 20f.). Die Erfahrungen, die sie mit anderen Mitgliedern im Web teilen, verändern ihre Weltanschauung und bestimmen zunehmend ihre Handlungsstrategien in der Realität. Dieser Sachverhalt signalisiert, dass die Auswirkungen von Cybermobbing nicht mit dem Ausschalten des PCs ausgeblendet werden, sondern dass sie die Psyche und das Verhalten in der Realität maßgeblich verändern.

Cybermobbing ist durch den multiplen Funktionsumfang Sozialer Online-Netzwerke in vielen Varianten möglich, die analog zu den intraspezifischen Kommunikationsformen der einzelnen Netzwerkplattformen sind[88]. So findet Flaming beispielsweise statt, wenn über den internen E-Mail Dienst an einen Profilinhaber gemeine oder vulgäre Nachrichten geschickt werden. In den meisten Fällen werden die Botschaften von einem Fake-Profil gesendet, weil die

---

[88] Besonders beliebte Social Network Sites wie SchuelerVZ verfügen sowohl über Social Software wie E-Mail, einen internen Messenger, Blogs und Tweets.

Identifikation des Täters dadurch massiv erschwert wird. Erfolgt die Schikane und Belästigung mehrmals über direkte und nicht-öffentliche Dienste wie E-Mail oder den internen Messenger, so kann einerseits von Harassment, durch die Verschleierung der eigenen Identität, aber auch von Impersonation gesprochen werden (vgl. Willard 2007, S. 266). Dies zeigt der Fall von MEGAN MEIER. Eine Amerikanerin, die 2006 auf der Netzwerkplattform Myspace gemobbt wurde. „Lori D. [soll] mit Unterstützung eines Bekannten ein MySpace-Profil aufgesetzt haben, in dem sie die imaginäre Figur eines attraktiven Jungen namens Josh schuf, der sich angeblich in Megan verliebte - in den sich Megan verlieben sollte. Als die Manipulation der Minderjährigen gelang, begann der imaginäre Josh damit, das Mädchen heftig zu beleidigen. Die 13-jährige erhängte sich in ihrem Elternhaus" (Spiegel Online 2008; vgl. Patalong 2007).

Werden hingegen verleumderische Nachrichten auf der Pinnwand, d.h. dem im Netzwerk öffentlich zugänglichen Blog gepostet, ist es die Intention der Peiniger, das soziale Ansehen der Zielperson durch die Verunglimpfung über halb-öffentliche oder öffentliche Kommunikationskanäle zu schädigen (ebd.). Hetze, Verleumdungen und Hasstiraden werden aber auch in sog. Hassgruppen veröffentlicht. Dort schließen sich mehrere Netzwerkmitglieder zusammen, die gemeinsam über die physischen und psychischen sowie sozialen Merkmale einer Person herziehen. So reichte die Jugendliche DENISE FINKEL im März 2009 Klage gegen Mitschüler, ihre Eltern und das amerikanische Unternehmen Facebook ein, weil die Jungen das Mädchen in einer Hassgruppe so massiv mobbten, dass das Opfer ein Trauma erlitt. Die Täter behaupteten, Denise würde Tiersex praktizieren, Drogen konsumieren und an HIV leiden (Gambler 2010).

Auch Cyberstalking, also die intensive Schikane und Bedrohung von anderen Individuen, wird in Hassgruppen praktiziert oder direkt auf die Profilseite des potentiellen Opfers gepostet. Dies verdeutlicht der Vorfall eines 14-Jährigen Jungen, der auf SchuelerVZ zwei Profile angelegt hatte, um an zehn Mitschüler der Elsa-Brändström-Realschule in Essen Morddrohungen zu schicken. Eines der Profile repräsentierte seine wahre Identität. Das andere wurde dazu instrumentalisiert, um „aus Spaß" unbekannten Personen Angst einzujagen, als auch um sich an seinen Mitschülern für vorangegangene Hänseleien auf dem Schulhof zu rächen (Süselbeck 2009). Dieses Beispiel lässt erkennen, dass die Merkmale der Entkörperlichung und Anonymität im Web dazu missbraucht werden, Fake-Identitäten zu konstruieren, um andere Menschen absichtlich zu bedrohen und zu ängstigen. Der Online-Disinhibitions-Effekt befähigt die Akteure im Web also nicht nur dazu, ihre Meinung gegenüber anderen Individuen zu vertreten, sondern führt auch zu Missbrauch. Die meisten Täter meinen, sich aufgrund ihrer Unsichtbarkeit nicht für ihre Taten verantworten zu müssen (vgl. Kapitel 4.5.1).

Zu den indirekten Varianten von Cybermobbing zählt ebenfalls die Ausgrenzung aus einer Online-Community. Zwar mag diese Form im ersten Moment nicht so aggressiv wie Flaming und Harassment erscheinen, allerdings hat eine Ausgrenzung oder Ablehnung durch eine Gruppe negative Folgen für das Selbstkonzept eines Jugendlichen. Laut des Bezugsrahmenmodells von MARSH (1986) stellen Jugendliche soziale Vergleiche mit anderen Heranwachsenden bzw. selbstbezügliche (ipsative) Vergleiche über verschiedene Leistungsbereiche/ Fächer hinweg an, um ihre eigenen Fähigkeiten und ihre Identität einzuschätzen. Adoleszente Individuen stellen sich also die Fragen, wer bin ich und wie komme ich bei anderen an? Werden ihre Freundschaftsanfragen wie bei SchuelerVZ nun häufiger abgelehnt oder wird die Ausgrenzung textuell artikuliert, dann ist der Jugendliche irritiert und fühlt sich verunsichert. Die Persönlichkeitsentwicklung des Gemobbten kann anschließend gestört werden, wenn die Ablehnung, nach dem Abgleichen der Fremdbewertungen mit dem bisherigen Selbstbild, als gerechtfertigt empfunden wird und in die eigene Identität integriert wird. Dies geschieht nicht, falls die Ausgrenzung als ungerechtfertigt empfunden wird (vgl. Döring 2003, S. 327ff.).

Eine weitere Variante von Cybermobbing verweist auf die grundlegende Problematik von Sozialen Online-Netzwerken: den Datenschutz bzw. das Öffentlichkeitsbewusstsein der jugendlichen Nutzer. Ist die Privacy-Option deaktiviert, sind alle eingetragenen, persönlichen Daten wie Name, Schullaufbahn, Alter, Herkunft, Interessen, Lieblingsbücher, -filme, -musik, soziale Beziehungen zu Onlinebekanntschaften und Freunden sowie zum Teil intime Fotos für die gesamte Online Community rezipierbar. Auch wenn in den Privatsphäreeinstellungen die Option aktiviert ist, das Profil nur Freunden und Freundesfreunden zu öffnen, können tausende unbekannter Jugendliche und jene, die sich als solche ausgeben, den gesamten Datenkomplex per „Copy and Paste" auf ihrer Festplatte speichern. So spähen Cyberstalker persönliche Daten aus den Profilen aus, um Personen außerhalb der halb-öffentlichen Netzwerke psychisch zu terrorisieren. Beispielsweise können über eine Google Suche ergänzende Informationen wie die Adresse von Arbeitsplatz oder Zuhause recherchiert werden, um die Betroffenen anschließend über analoge Medien zu belästigen. Cyberstalking setzt sich ebenfalls über die virtuellen Grenzen hinweg und verlagert sich rückwirkend in die Realität. Dies zeigt auch das Beispiel von ANDREA BUCKERT. Ihr Ex-Kommilitone schickte ihr E-Mails an ihre private E-Mail Adresse, die sich zuerst anhörten wie Liebesbriefe: „Ich träume noch jede Nacht von dir, auch von Sex. Wenn ich glücklich sein will, denke ich an dich, you are my drug." (Gupta 2004). Nachdem Andrea seine Botschaften ignorierte, versuchte sich der Stalker an ihr zu rächen, indem er ihr verleumderische und verunglimpfende Mails schickte, sie auf der Arbeit anrief und ihr auch in Chatforen nachstellte (ebd.).

Persönliche Daten im Web werden allerdings nicht nur instrumentalisiert, um Psychoterror auszuüben, sondern auch, um das soziale Ansehen einer Person zu schädigen. So z.B. indem Fotos von der Zielperson retuschiert werden, um sie anschließend auf Multimediaplattformen wie YouTube gegenüber einer unüberschaubaren Öffentlichkeit zu diffamieren. So werden Gesichter des Opfers in Nacktfotos eingesetzt oder Trickfilme animiert, in denen das Opfer bei einer obszönen, peinlichen oder ekeligen Handlung abgebildet wird. Damit dann auch jede Person, die persönlichen Kontakt mit dem Opfer pflegt, darauf aufmerksam gemacht wird, wird das Video mit dem realen Namen des Betroffenen betitelt. So ein Vorfall ereignete sich, als eine Schülergruppe eines süddeutschen Gymnasiums sich an ihrem Lehrer rächen wollte. „Die Schüler, keiner älter als 14 Jahre, beschafften sich ein Bild des verhassten Lehrers, dann das animierte Video einer Hinrichtung und fügten das Gesicht des Lehrers ein. Das Cyberthreat-Video zeigt ihn, wie er eine Straße entlang läuft. Ein Gewehr taucht auf und ein Schuss trifft den Mann in den Kopf. [Anschließend platzt der Kopf vor Blut spritzend und rollt auf die Straße]. Im Hintergrund läuft die Musik der "Böhsen Onkelz"" (vgl. Eberspächer 2007). Der Grund für die Rache waren die angeblich bewusst verteilten schlechten Noten durch das Opfer (ebd.).

Cyberstalking wird häufig auch über einen direkten Kontakt eingeleitet: 40% der jugendlichen Internetnutzer bestätigten, dass sie bereits von Fremden nach ihrem Namen, der Telefonnummer und Adresse gefragt worden sind. Die Mädchen (48%) werden im Vergleich zu den Jungen (34%) häufiger nach persönlichen Informationen gefragt. Die Häufigkeit der Anfragen steigt mit dem Alter der Befragten an (12-13 Jahre: 26%, 18-19 Jahre: 49%) (MPFS 2009, S. 49). Auch wenn der Eindruck entsteht, als würde Cyberstalking eher unter älteren Jugendlichen stattfinden, so geben die Ergebnisse keinen Aufschluss darüber, wie alt die Mobber in Wirklichkeit sind. Denn die Identität, unter der gehandelt wird, kann wiederum eine Fake-Identität sein, mit der versucht wird, der Zielperson Angst einzujagen.

Während der Identitäts- und Beziehungsarbeit von Jugendlichen im Social Web machen sie anderen Netzwerkmitgliedern in einem bestimmten Maß Informationen zugänglich. „[Dadurch] entsteht eine Vielzahl von miteinander verbundenen und sich überlappenden öffentlichen Sphären", zu denen sowohl themenspezifische Öffentlichkeit wie Hassgruppen, als auch „persönliche Öffentlichkeiten" gehören, die nur Personen zugänglich sind, mit dem der Urheber eine persönliche Beziehungen pflegt (Schmidt et al. 2010, S. 263). Der Umgang mit diesen Öffentlichkeiten erfordert von dem Nutzer entsprechende Strategien des Informationsmanagements. Somit muss verhandelt werden, wo die Grenzen zwischen Öffentlichkeit und Privatheit im Web liegen und wie damit umgegangen wird, dass öffentliche Informationen über die eigene Person schnell zu recherchieren sind. Um asynchrone CvK via E-Mail gewährleisten zu können, werden Kommunikationsakte und Informationen digital abgespeichert. Dieser Sachverhalt kennzeichnet die „Persistenz" (persistence) von persönlichen Informationen, ebenso wie die „Durchsuchbarkeit" (searchabilty) des Webs die ständige Verfügbarkeit von persönlichen Daten markiert (Boyd 2007). So wird auch bei Cyberstalking von den Tätern der Umstand ausgenutzt, dass Suchmaschinen wie Google alle Textdokumente durchsuchen und Hyperlinks folgen, um im Web die zum Suchbegriff adäquaten Ergebnisse darzustellen. Die Suche wird zunehmend erleichtert, weil Videos auf YouTube oder Fotos auf Flikr mit Tags, also charakteristischen Schlagwörtern versehen werden. Somit werden neben Textdokumenten auch vermehrt audiovisuelle Inhalte in den Suchergebnissen angezeigt.

Ohne adäquate Schutzmaßnahmen sind originale Medieninhalte frei rezipier- und replizierbar. Der Vorfall des Lehrers, dessen Hinrichtung im Web öffentlich zur Schau gestellt worden ist, zeigt, dass die „Replizierbarkeit" (replicability) von digitalen Informationen die Missbräuche in Form von Cybermobbing begünstigt (ebd.). In diesen Fällen schützen auch die Registrierungsgrenzen von Social Networks nicht davor, Daten von potentiellen Mobbingopfern auszulesen, wenn keine Schutzmaßnahmen ergriffen werden. So kann die Einschränkung aktiviert werden, dass nur Freunde[89] das eigene Profil sehen und Kommentare hinterlassen dürfen. Allerdings kann bereits schon beim Eröffnen des Accounts darauf geachtet werden, dass anstelle wahrheitsgetreuer Informationen nur Nicknames und weitere Informationen angegeben werden, über die Fremde keine Kontaktmöglichkeiten erhalten. Ansonsten bleibt unbekannt, wie viele Netzwerkmitglieder eigentlich rezipieren, was der Jugendliche am Wochenende gemacht hat oder unter welcher Adresse er zuhause erreicht werden kann. Dieser Kreis an Unbekannten wird auch als „unsichtbare Publika" (invisible audiences) bezeichnet, dessen Zuschauer und Zuhörer sich oftmals nicht direkt zu Wort melden, sondern nur Inhalte rezipieren (ebd.). Diese fünf Merkmale unterscheiden die

---

[89] Die Kennzeichnung des Begriffs „Freund" wird in Sozialen Online-Netzwerken wie SchuelerVZ dazu verwendet, um die Verbindungen zu einer anderen Person zu signalisieren. Zwar suggeriert der Begriff, dass das Verhältnis der Akteure ein freundschaftliches ist, allerdings gibt er keine Auskunft über die Emotionen und gemeinsamen Erfahrungen, die eine individuelle Beziehung charakterisieren.

„mediated network publics" von nicht mediatisierten Öffentlichkeiten einer Face-to-Face Situation und sind äquivalent zu den Merkmalen der computervermittelten Kommunikation (Boyd 2007; vgl. Kapitel 5.2). Allerdings zeigen sie deutlicher, dass die Grenzen zwischen Öffentlichkeit und Privatheit im Internet sukzessiv verschwinden. Das bestätigt auch ein Interview mit dem Facebook Mitgründer MARC ZUCKERBERG: Er hält das Privatsphärekonzept in Sozialen Online-Netzwerken für nicht mehr zeitgemäß, so dass mit den Netzwerkneuerungen im Januar 2010 alle persönlichen Informationen über ein Facebookmitglied standartmäßig über die privaten Grundeinstellungen öffentlich zugänglich sind. Seiner Aussage zufolge, ist der Umgang mit personenbezogenen Daten durch die Interaktion in Weblogs und Chats offener geworden. MARSHALL KIRKPATRICK kritisiert hingegen, dass Facebook selbst ein Motor des gesellschaftlichen und sozialen Wandels sei (Heise Online 2010).

Derzeit verteilen sich die Freundeskreise über mehrere Soziale Online-Netzwerke (vgl. Schorb et al. 2010, S. 9ff.). Daran zeigt sich, dass die privaten Öffentlichkeiten einzelner User potentiell mehr Zuschauer bekommen, womit allerdings auch die unsichtbaren Zuschauer gemeint sind. Die Grenzen zwischen halb-öffentlichen Social Networks wie Facebook und öffentlichen Social Web Angeboten wie YouTube verschwinden zusehends. Dadurch entstehen sukzessiv mehr Lücken, durch die Informationen in die gesamte Öffentlichkeit des Internet gelangen können (vgl. Schmidt et al. 2010, S. 264). Neben der Gefahr, dass durch die Lücken zwischen den Öffentlichkeiten private Daten illegal in unbefugte Hände gelangen können, werden auch gesetzliche Maßnahmen ergriffen: Durch das Gesetz zur Vorratsdatenspeicherung aller Verbindungsdaten, was am 09.11.2007 von der Bundesregierung gesetzlich festgelegt wurde, können Cybermobber ihre Taten anhand ihrer IP-Adresse nachgewiesen werden. Auch wenn diese Maßnahme zur Verfolgung von Terroristen oder Cybermobbern eingesetzt werden kann, so besteht doch weiterhin die Problematik, die Balance zwischen Datenschutz, Persönlichkeitsrechten und der freien Meinungsäußerung zu finden. Im Internet und über das Mobiltelefon werden zudem Daten gesammelt, von deren Archivierung der Nutzer nicht direkt etwas mitbekommt. Etwa werden Informationen über das Surf- und Kaufverhalten des Internetusers auf Online-Shopping Portalen archiviert, was anschließend durch die Betreiber zur gezielten Kundenwerbung genutzt wird. Oder es werden Information, an denen der Internetnutzer direkt beteiligt ist, gesammelt: So gehört das Abonnieren von „RSS"-Feeds („Rich Site Summary" oder „Really Simple Syndication"), mit denen Änderungen einer Webseite nach verfolgt werden können, nun schon seit Jahren zum alltäglichen Medienhandeln der Internetuser (Winer 2003; Kantel 2008, S. 26f.). Allerdings können diese Lesezeichen auch als Empfehlungen an Freunde im Social Web geschickt werden, womit diese an den eigenen Interessen bzw. einer bestimmten Thematik partizipieren können. Oder sie werden in die eigene Twitter-Seite und in das Facebookprofil eingebunden, um es privaten und unsichtbaren Zuschauern zu präsentieren. Auch Anwendungen für Smartphones, sog. Apps (Kurzform für Application), stellen eine Gefahrenquelle des Datenmissbrauchs dar. Einige Anwendungen sammeln alle Nutzerdaten des Inhabers wie Adressbucheinträge oder SMS, um sie ohne das Wissen seiner Users an verschiedene Provider im Netz zu schicken (mobileTicker 2010).

Ob nun Informationen unbewusst ins Netz gelangen oder ob das Individuum personen-bezogene Daten beiläufig im Zuge der Personalisierung seiner Social Network Site bewusst publiziert: Im Internet wird ein Abbild des jeweiligen Social Web Users konstruiert, dass Auskünfte und Interpretationen hinsichtlich individueller Interessen, Vorlieben, Einstellungen und sozialen Kontakte ermöglicht. Das Netzwerk wird somit weiter ausdifferenziert. Allerdings wird es auch einfacher, die persönlichen Details über eine Person zu erfahren, indem das Facebook-Profil einer Person ohne Schutzbarrieren rezipiert wird. Der unbedachte Umgang mit persönlichen Daten führt auch dazu, dass Personen aus anderen Lebensbereichen Einblicke in private und intime Kontexte der eigenen Wirklichkeit erhalten. Bewusst voneinander getrennte Rollen bzw. Identitäten aus Kontexten wie Arbeit, Schule oder Jugendszene sind durch eigentlich unbefugte Personen wie dem Arbeitgeber rezipierbar. Private Öffentlichkeiten im Internet werden ohne Schutzfunktionen zu allgemein nachvollziehbaren Öffentlichkeiten. Jeder Nutzer sollte sich dementsprechend bewusst machen, welche Funktionen von Social Web Anwendungen die Einsicht von persönlichen Daten ermöglichen und wie scheinbar begrenzte private Öffentlichkeiten innerhalb eines sozialen Netzwerks im Internet zu definieren sind. Welcher Personenkreis hat Einblick in das eigene Fotoarchiv oder Zugang zu demografischen und soziokulturellen Informationen?

Die Betrachtung des Vorfalls von GHYSLAIN RAZA, besser bekannt als "Star Wars Kid" verdeutlicht, welche Auswirkungen die Merkmale der mediated network publics in Bezug auf Cybermobbing hervorrufen: Der kanadische Junge filmte sich im Rahmen eines Schulprojekts, wie er den Kampfstil der Star Wars Figur Darth Maul imitierte. Dazu nutzte er eine Angelschnur, um ein Laserschwert nachzuahmen und unterstützte seine Performanz gleichzeitig mit eigenen Soundeffekten. RAZAs Mitschüler stellten das Video anschließend ohne seine Zustimmung in diversen Internetforen online. Das Video wurde innerhalb kürzester Zeit massenhaft durch andere User kopiert und gehört derzeit mit über 1 Milliarde Views (seit 2003) zu den beliebtesten Onlinevideos. Was allerdings Zuschauer belustigt, trieb den 13-Jährigen Jugendlichen wegen Spott und anderen massiven Beleidigungen in die Psychiatrie. Die Eltern von GHYSLAIN verklagten anschließend die jugendlichen Täter auf 250.000 US-Dollar Schadensersatz, da der Junge auch nach sieben Jahren im Social Web und der Schule regelmäßig gemobbt werde (derStandard.at 2010). WEIß & GROEBEL (2002) stellen fest, „dass die Online-Kommunikation zu einem wesentlichen Faktor [des] kulturellen Wandels der „Privatheit" wird" (S. 23). Heutige interaktive Anwendungen des Social Web scheinen private Öffentlichkeiten zu minimieren und die User, wie im Falle von Cyber-mobbing, für Datenmissbrauch, Diffamierungen und Bedrohungen anfällig zu machen. Um eine Person im Kontext des Social Web absichtlich oder fahrlässig zu mobben, reicht es bereits, über technische Kompetenzen im Umgang mit Social Software zu verfügen. Cybermobbing resultiert aus einem Mangel an sozialer Kompetenz und Medienwirkungs-kompetenz (vgl. Fawzi 2009). Online-Tätern fällt es daher schwer, sich die Unterschiede der Öffentlichkeit beim Klatsch (auf dem Schulhof) im Gegensatz zur Reichweite ihres Handelns in halb-öffentlichen und öffentlichen Kontexten (im Social Web) bewusst zu machen.

6 Ausblick: Präventions- und Interventionsansätze

Mit der Zunahme von Cybermobbingfällen wird die Frage nach den Präventionsmöglichkeiten von Cybermobbing relevant: Was könnten die primären Sozialisationsagenturen der Familie und Schule dafür leisten und über welche Kompetenzen sollte jeder Internetnutzer verfügen, um online reflexiv, kritisch und sozial- bzw. selbstverantwortlich zu handeln? Im Vorfeld soll daher der Kompetenzbegriff definiert werden: Kompetenzen sind „die bei Individuen verfügbaren oder durch die sie erlernbaren kognitiven Fähigkeiten und Fertigkeiten, um bestimmte Probleme zu lösen, sowie die damit verbundenen motivationalen, volitionalen und sozialen Bereitschaften und Fähigkeiten, um Problemlösungen in variablen Situationen erfolgreich und verantwortungsvoll nutzen zu können" (Weinert 2001, S. 27f.). Im Gegensatz zur Performanz ist Kompetenz allerdings nicht direkt beobachtbar, sondern „nur teilweise aus den Äußerungen und Handlungen erschließbar" (Gapski 2006, S. 15). Es sollte betont werden, dass Kompetenz „mehr [ist] als nur Wissen und kognitive Fähigkeiten. Es geht um die Fähigkeit der Bewältigung komplexer Anforderungen, indem in einem bestimmten Kontext psychosoziale Ressourcen [einschließlich kognitiver Fähigkeiten, Einstellungen und Verhaltensweisen] herangezogen und eingesetzt werden" (ders. 2006, S. 16).

Die zentralen Kompetenzen zur Prävention, die es im Rückblick auf die Ursachen von Mobbing zu vermitteln gilt, sind kommunikative[90] und somit soziale Kompetenzen, die durch die Medienwirkungskompetenz ergänzt werden. Diese Kernkompetenzen sind bereits im Medienkompetenzmodell von DIETER BAACKE (1997) enthalten. Es enthält die Dimensionen der *Medienkritik, Medienkunde*, *Mediennutzung* und *Mediengestaltung* (2007, S. 98f., Hervorheb. im Original). Medienkritik umfasst die Fähigkeiten, „problematische gesellschaftliche Prozesse" analytisch und kritisch auf der Grundlage seines Medienwissens zu lokalisieren, um anschließend das eigene Handeln auf der Basis seiner Erkenntnisse reflexiv und sozialverantwortet zu hinterfragen (Baacke 2007, S. 98). Medienkritik ist demnach bedingt durch medien-spezifisches Wissen, das sich durch Beobachtungen, Exploration und eigenen Erfahrungen angeeignet wird. BAACKE (2007) verwendet dafür auch den Begriff Medienkunde, der das Wissen über die heutigen Medien und Mediensysteme bezeichnet: d.h. in Bezug auf Cybermobbing, welche Intentionen verfolgt mediale Berichterstattung, wie ist das Internet aufgebaut, welche Dienste ermöglichen onlinebasierende Interaktion und welche Kommunikationsregeln wie beispielsweise

---

[90] Kommunikative Kompetenz impliziert sprachliches Handeln, das dazu befähigt, aktiv an der Weltkonstruktion teilzunehmen. Sie realisiert sich in der Lebenswelt bzw. Alltagswelt von Individuen und über die Interaktion mit anderen Menschen in unterschiedlichen Situationen. (vgl. Baacke 2007, S. 51).

Netiquette herrschen im Social Web (S. 99)? Ziel der Medienkritik sollte es sein, Medien anhand von subjektiven und objektiven Kriterien zu bewerten, die sich aus den jeweiligen Normen und Werten einer Person ergeben (vgl. Ganguin 2004, S. 3). Zuvor ist allerdings eine Rezeptions- und Evaluationsleistung durch die Individuen nötig, so dass Medienkritik durch die kritischen Wahrnehmungs-, Dekodierungs-, Analyse, Reflexions- und Urteilsfähigkeit bedingt ist (vgl. dies. 2004, S. 4). Die Wissensaneignung setzt voraus, dass sich die Kinder und Jugendlichen selbst bilden. Dazu ist Interesse notwendig, was durch pädagogische Maßnahmen geweckt werden kann.

Auch wenn die Familie immer noch die Institution ist, in der Kinder aufwachsen und erste Erfahrungen mit sozialen Beziehungen machen, so übernehmen doch sukzessiv mehr die Schulen die Erziehungspflichten der Eltern, die meist beide in Arbeitsverhältnissen beschäftigt sind und somit weniger Zeit für die kindliche Erziehung haben. In einer Online-Befragung über *Cyber-Mobbing in Schulen* kommt die Gewerkschaft für Erziehung und Wissenschaft (GEW) zu dem Schluss, dass neben klaren Regeln auch ein Verhaltenskodex in den Schulen vor Mobbing schützen könne[91] (GEW 2007). Außerdem sollten Mobiltelefone bzw. ihre Kameras während der Schulzeit ausgeschaltet sein, um den Internetzugang nicht für Mobbing-Zwecke oder Gewaltdarstellungen zu nutzen. Das Staatsinstitut für Schulqualität und Bildungsforschung München empfiehlt Schulleitern und Lehrkräften zur Prävention von Cybermobbing ergänzend zu einem Verhaltenskodex, sich über die Online-Aktivitäten ihrer Schüler und die aktuellen Trends zu informieren (Haldenwang 2009). Diesbezüglich sollte auch die technologische Weiterentwicklung des Mobiltelefons beachtet werden: Laut der JIM-Studie 2009 verfügen alle Jugendlichen zwischen 12-19 Jahren über ein Handy, mit dem sich 79% während ihrer Freizeit täglich beschäftigen (MPFS 2009, S. 6, 16). Derweil sind Mobiltelefone zu 94% mit Kameras ausgestattet, und zu 79% internetfähig (ebd.). Die Mobbingvariante Happy Slapping deutet bereits die Entwicklung an, dass mit den zukünftigen kostengünstigen Handy- und Internetflatrates Mobbing noch mobiler wird. Derzeitige Smartphones wie das iPhone oder HTC Desire HD verfügen bereits über 1GHz Prozessoren und ein standartmäßig verbautes UMTS (Universal Mobile Telecommunikations System), mit dem es zukünftig noch schneller gelingen wird, Mobbinginhalte wie Textnachrichten, Bilder und Videos ins Social Web zu laden (vgl. Hülskötter 2010).

---

[91] Die angesprochenen Lehrkräfte empfanden einen Verhaltenskodex für sinnvoll, erwähnten allerdings auch, dass solche Vereinbarung nicht einmal in einem Viertel der deutschen Einrichtungen eingeführt sei (vgl. GEW 2007).

Um Medienkunde zu vermitteln und Medienkritik zu ermöglichen, sollten innerschulische und außerschulische Projekttage zum Thema durchgeführt werden, damit die Jugendlichen über Formen und Auswirkungen von Cybermobbing aufgeklärt werden können (vgl. Haldenwang 2009). Die Vermittlung sozialer Kompetenzen und Verhaltensregeln sollte standartmäßig zum Schulunterricht gehören, um ein Schulklima zu schaffen, dass durch gegenseitige Wertschätzung und einen respektvollen Umgang gekennzeichnet ist. Konflikte können bereits in ihrer Entstehung vermieden werden, wenn konstruktive Feedbacks in den Unterricht eingeführt werden, die die positive Äußerung divergierender Ansichten vorantreiben. Bestehen bereits Konflikte zwischen Schülern, sollten Programme zur Streitschlichtung verpflichtend in Anspruch genommen werden. Auch Verhaltenstrainings in Kindergärten sind Präventivmaßnahmen gegen Mobbing und Cybermobbing im Speziellen. Sie können bereits bei Kindern von 3-6 Jahren problematische Verhaltensweisen verringern und emotionale Kompetenzen bzw. Fähigkeiten zur Informationsverarbeitung bzw. soziale Kompetenz nachweislich verbessern (vgl. Koglin & Petermann 2006). Da Mobbing meist aus einer konfliktbelasteten Situation entspringt, gilt es also, mit Maßnahmen zum Konflikt-management bereits während des Kindergartens und der Primärstufe präventiv antisoziales Verhalten zu verhindern und sozial-kooperatives Verhalten zu fördern (vgl. Gasteiger-Klicpera & Klein 2005). So ist beispielsweise das Seminar *Faustlos* mehr als 1000 deutschen Schulen und mehr als 500 Kindergärten in ihren Lehrplan aufgenommen worden (vgl. Cierpka 2005; Schick 2006). Hier setzen allerdings auch ganzheitliche Methoden der Frühförderung, Heilpädagogik oder auch Psychomotorik an. Ihnen ist es wichtig, insbesondere positiv konnotierte Selbstwirksamkeitserfahrung in geschützten Räumen zu ermöglichen. Dies stützt gleichermaßen die Entwicklung eines positiven Selbstkonzepts als auch die prosozialen Verhaltens. Diese Maßnahmen beziehen sich natürlich nicht explizit auf Medien sind dennoch als Grundlegung bestimmter Verhaltensweisen zu sehen, die auch auf das Verhalten im Netz übertragen werden kann. Um Kinder und Jugendliche auch noch nach den Projekttagen adäquat für das Thema zu sensibilisieren, gibt es Trainingsseminare wie *Be-Prox,* dessen Zielgruppe speziell Kindergartenpädagogen und Lehrpersonen im Kindergarten und in der Schule (Grundstufe) sind (vgl. Nägele, Valkanover & Alsaker 2005).

Der Verein Zartbitter Köln, eine Kontakt- und Informationsquelle gegen sexuellen Miss-brauch an Mädchen und Jungen, versucht im Rahmen des Projekts *click it! 2* theaterpädago-gisch über die Konsequenzen von Cybermobbing aufzuklären und dabei die Besonderheiten und Effekte der computervermittelten Kommunikation zu beachten (Pieper 2010). Auch der gemeinnützige Verein Sprache gegen Gewalt engagiert sich für Gewaltprävention und bietet

Seminare zum Thema Cybermobbing an, die im Wesentlichen darauf aufbauen, dass die Jugendlichen durch eigene Erfahrungen lernen, die Auswirkungen ihres Handelns abzuschätzen (vgl. Heinrichs 2010). Dies ist beispielsweise durch Rollenspiele schnell und einfach auch ohne Medien realisierbar.

Diese Maßnahmen verdeutlichen, dass die Prävention von Cybermobbing nur im Verbund mit Bullying, ausgehend von der Familie und Schule, erzielt werden kann. Diese Situation zeigt auch, dass Medienkompetenz nicht nur auf ein Medium beschränkt sein sollte, weil das Konzept Handlungswissen beinhaltet, dass auch in Situationen ohne Medien relevant ist[92] (vgl. Mikos 2004, S. 165-168). Wenn Medienkompetenz die kompetente Nutzung von allen Medien meint, so muss in Bezug zu Cybermobbing eigentlich von Internetkompetenz bzw. Smartphonekompetenz gesprochen werden.

In BAACKES Konzept (1997) geht es bei der Mediennutzung und -gestaltung hingegen nicht um die Vermittlung von Wissen, sondern um das selbstständige Handeln der Individuen (vgl. 2007, S. 99). Allerdings stellt die Mediennutzung gleichzeitig einen Prozess dar, in dem sich Jugendliche durch ihr Handeln ihre eigene Lebenswirklichkeit konstruieren, die von ihren Interaktionspartnern mitgestalten und sich neues, kontextbezogenes Wissen aneignen, während sie mit anderen Akteuren kommunizieren und interessenbezogene Medieninhalte rezipieren. Es stellt sich also im nächsten Schritt die Frage, was die Jugendlichen selbst machen können, um bei Cybermobbing zu intervenieren? Das Bundesministerium für Ernährung, Landwirtschaft und Verbraucherschutz (2010) rät bereits betroffenen Opfern, den Kontakt bzw. das Profil des Angreifers in Sozialen Online-Netzwerken zu melden und „sperren" zu lassen. Ebenfalls wird empfohlen, ggf. seinen jeweiligen E-Mail Account oder die Nummern des Handys und des Instant Messenger zu ändern, falls das Mobbing zu extrem werde. Spätestens dann, wenn persönlichen Informationen und Inhalte wie Fotos zur Manipulation und öffentlichen Demütigung missbraucht werden, sollte die Sichtbarkeit persönlicher Inhalte nur auf Freunde beschränkt werden. Des Weiteren sollten niemals Passwörter und andere Zugangscodes an Dritte weitergereicht werden bzw. der Versuch unternommen werden, sich am Täter zu rächen. Die Opfer würden sich damit selbst strafbar machen. Eine weitere Möglichkeit, um das Mobbing zu unterbinden, besteht darin, den Provider der Social Network Site zu bitten, die Mobbinginhalte zu löschen. Gleichzeitig wird

---

[92] Bullying führt in einigen Fällen zu Cybermobbing, weil einige Schüler, die auf dem Pausenhof gemobbt werden, sich im Internet an ihren Peinigern rächen. Umgekehrt haben die Formen von Cybermobbing psychosoziale Auswirkungen auf die Opfer, die ihr Sozialverhalten in der realen Welt ändern, weil ihnen einerseits die Onlinetäter oftmals unbekannt bleiben oder weil diffamierende Videos auch nach Jahren noch Spott und Hohn nach sich ziehen.

den Opfern dazu geraten, die belästigenden E-Mails aufzubewahren und ggf. Screenshots von dem geöffneten Messenger inklusive Textnachricht zu machen, um dem Täter die Tat nachweisen zu können. Handelt es sich um massive Drohungen wie Cyberstalking oder Harassment, so müssen Polizei und ggf. ein Rechtsanwalt hinzugezogen werden. In jedem Fall sollten betroffene Jugendliche die Unterstützung von Vertrauenspersonen wie Lehrer oder Eltern suchen (ebd.).

Bereits im Kapitel 4.6 wurde darauf hingewiesen, dass internationale Organisation wie die EU oder UN dazu beitragen können, Cybermobbing zu sanktionieren, indem ein globales Internetgesetz entwickelt wird, das die Bewertung von Onlinestraftaten auf internationaler Ebene behandelt. Die EU hat mit *klicksafe.de* eine Plattform im Internet geschaffen, auf der sich sowohl Eltern, Lehrer und Jugendliche über die Auswirkungen und Gefahren von Internetaktivitäten informieren können. Des Weiteren wird versucht, mit Werbespots im TV oder Ereignissen wie dem *Safer-Internet-Day* auf Cybermobbing aufmerksam zu machen und Jugendlichen Anlaufpunkte zu bieten, auf denen sie sich Hilfe suchen können.

In den nächsten Jahren werden das Internet und damit auch der Zugang zum Social Web immer mobiler und schneller werden, wenn sich die Kosten für Smartphones senken. Dementsprechend werden Jugendliche auch von Unterwegs immer einen Zugang zum Web besitzen, womit sie via Portable-Apps (Anwendungen für mobile Geräte wie Mobiltelefone) auf sämtliche Soziale Online-Netzwerke zugreifen. Der Trend zum Zweit- oder Drittnetzwerk wird zudem neue Software benötigen, die die Vernetzung innerhalb einer Benutzeroberfläche navigierbar macht[93]: Ein Programm, dass zumindest auf dem PC-Desktop einige Social Networks wie Facebook, Twitter oder Ping.fm zugänglich macht und den Nutzer über eventuelle Updates informiert, ist Seesmic Desktop 2 (Seesmic 2010).

Auch wenn die IP-Adresse von einer E-Mail oder Instant Messenger zurückverfolgt werden kann, so wird die Enttarnung von Mobbingtätern im Internet durch Open Source Software weiterhin erschwert: Wie Foxy Proxy nutzt der Client *Tor* ein globales Netz an Servern, um die eigentliche IP des Internetnutzers zu verschleiern. Des Weiteren gibt es Webseiten wie *bugmenot.com*, über die Registrierungsdaten, wie Nutzername und Passwort, für fast jedes halb-öffentliche Online-Netzwerk zu bekommen sind. Technisch kompetente Mobber werden es deswegen wahrscheinlich leicht haben, ihre Identität zu verbergen. Andererseits gibt es auch Software wie das Firefox Plugin *HTTPS-Everywhere*, über das Internetnutzer eine

---

[93] So zeigt beispielsweise Miranda, ein Multimessenger, dass Kontakte aus ICQ, dem Windows Live Messenger, AIM, Jabber, Yahoo-Messenger und anderen Clients innerhalb einer Software verwaltet werden können bzw. interpersonale Kommunikation zwischen mehreren Netzwerken möglich ist (Miranda-Fusion 2010).

begrenzte Anzahl an Webseiten nur über einen SSL (Secure Sockets Layer) geschützten Zugang erhalten (Electronic Frontier Foundation 2010). Somit wird es Hackern zumindest erschwert, persönliche Daten bzw. die Zugangsinformationen der potentiellen Opfer abzugreifen und zu missbrauchen. Ein jüngeres Beispiel in Zusammenhang mit Facebook zeigt hingegen, dass der Datenklau bzw. die Instrumentalisierung von fremden Nutzerprofilen, um jemanden by proxy zu mobben, auch ohne Programmierfähigkeiten im Sinne des Web 2.0 möglich wird (Chip Online 2010). Somit wird „öffentlich […], was machbar ist" (Ertelt 2008, S. 51). Es lässt sich festhalten, dass im Zuge der weiteren Mediatisierung und Informatisierung auch in Zukunft die Vermittlung von Medien-kompetenzen einen zentralen Stellenwert in der Erziehungs- und Bildungsarbeit einnehmen sollte. Im Fokus muss die Schulung von Medienkritik stehen, damit Kinder- und Jugendliche während ihrer Selbstbildung lernen, innovative Entwicklungen im Social Web kritisch zu hinterfragen und eigen- bzw. sozialverantwortlich zu handeln.

7 Fazit

Das Metamedium Internet ist am Anfang des 21. Jahrhunderts zu einem festen Bestandteil im juvenilen Alltag und zu einem sozialen Raum für die Konstruktion von Wirklichkeit geworden. Das liegt einerseits daran, weil Jugendliche stets über einen Internetzugang verfügen. Andererseits aber auch, weil sie im Social Web Identitätsmanagement, Beziehungsmanagement und Informationsmanagement betreiben. Mit Hilfe von Werten und Normen, die sie in Sozialen Online-Netzwerken während der Interaktion mit altershomogener Gruppierung wie jugendkulturellen Szenemitgliedern aushandeln, sozialisieren sie sich selbst. Damit versuchen Jugendliche, ihr Schutzbedürfnis zu befriedigen, das sie in der Folge der Wertepluralisierung in universalistisch geprägten Industrienationen, der anschließenden Werteunsicherheit und aufgrund der regressiven Funktion altersheterogener Primärgruppen, besitzen. Ein wesentliches Motiv zur Nutzung des Social Web bzw. von Netzwerkplattformen wie SchuelerVZ ist neben der eigenen Selbstdarstellung auch die Pflege von sozialen Beziehungen. Der Umgang mit Kommunikationsmedien scheint in dieser Folge vollkommen ritualisiert, so dass bei den heutigen Jugendlichen eine eindeutige Trennung zwischen Virtualität und Realität nicht mehr aufrecht zu erhalten ist. Gleichzeitig werden Medien neben Familie, Schule und Beruf zu einer weiteren Sozialisationsagentur, in denen virtuelle Lebenserfahrungen erworben und mit den Erkenntnissen der Realität abgeglichen werden müssen.

Der habitualisierte Umgang mit dem Internet und dem Mobiltelefon signalisiert bereits, dass sich Ereignisse im Social Web auch auf das alltägliche Verhalten und Empfinden der Jugendlichen auswirken. Und so verlagern sich auch soziale Phänomene wie Mobbing aus den realen Kontexten in die sozialen Räume des Social Web. Allerdings ist Cybermobbing nicht ausschließlich dadurch erklärt, dass es über synchrone und asynchrone bzw. öffentliche und halböffentliche Kommunikationskanäle erfolgt. Stattdessen ergeben sich durch die computervermittelte Kommunikation Effekte auf das Handeln und Verhalten der Netzwerkakteure: Durch das Fehlen physischer Merkmale ist es möglich, im Internet anonym zu handeln. Oftmals bewirkt diese Situation, dass Jugendliche online enthemmter agieren. Allerdings nicht unbedingt, um in Foren oder Chatrooms an einem öffentlichen Diskurs zu partizipieren, sondern um ihre Anonymität zu instrumentalisieren, um bekannte oder unbekannte Netzwerkmitglieder zu schikanieren, verleumden, diffamieren, ihnen nach zu stellen, sie zu bedrohen oder zu beleidigen. Damit sie unerkannt bleiben, nutzen Online-Mobber daher oftmals Pseudonyme und Fake-Identitäten. Auch wenn eine physische Überlegenheit im Web nicht dazu genutzt werden kann, um jemanden anderen sozial zu kontrollieren oder die Aufmerksamkeit von anderen auf sich zu lenken, so besteht doch ein ungleiches Machtverhältnis zwischen Täter und Opfer. Denn der Täter bleibt meistens unerkannt, so dass die Betroffenen nicht gezielt intervenieren können und auch nicht wissen, ob der Mobber möglicherweise aus dem Freundeskreis kommt. Das Opfer ist somit aufgrund seiner Hilflosigkeit unterlegen.

In der mediatisierten Welt ist es dem Opfer außerdem nicht mehr möglich, sich den Attacken des Mobbers zu entziehen. Unabhängig von Zeit und Räumlichkeit gelangt aggressiver und kompromittierender User-Generated Content in Form von E-Mails, Videos auf YouTube oder Pinnwandeinträgen bei SchuelerVZ in die privaten Räume der Jugendlichen, die nun auch keinen Schutz mehr bieten. Im Gegensatz zu Mobbing auf dem Schulhof ist es also äußerst schwer, sich Cybermobbing zu entziehen. Dies liegt allerdings auch daran, weil digitale Informationen dauerhaft gespeichert werden, um asynchrone CvK zu ermöglichen. Diese Persistenz von Daten bewirkt zudem, dass in der Zeit bis zur verzögerten Löschung der schikanierenden Inhalte, die Beiträge von einer unsichtbaren Publika rezipiert und beliebig oft repliziert werden können. Dadurch wiederum verlieren die Opfer die Kontrolle und fühlen sich machtlos.

Aus der Beständigkeit digitaler Informationen und der Möglichkeit, potentiell jeden Internetnutzer über öffentliche Kanäle zu erreichen, resultiert ein weiterer wesentlicher Unterschied zwischen Mobbing in Face-to-Face Situationen und Cybermobbing: Denn bereits das einmalige Verbreiten von Gerüchten kann im Internet dazu führen, dass Opfer diese Handlung subjektiv als Mobbing wahrnehmen. Währenddessen eine vergleichbare sprachliche Handlung in einer begrenzten Öffentlichkeit einer F2FK nach kürzester Zeit vergessen werden kann. Im Internet kann Klatsch somit fahrlässig zu indirektem Mobbing werden, wenn die Information auf öffentlichen Social Network Sites veröffentlicht wird. Jugendliche sind sich oftmals nicht bewusst, welche Konsequenzen ihre Taten im Internet bewirken können. Die Ursache für dieses Verhalten liegt in einer mangelnden Medienwirkungskompetenz. Absichtliches Cybermobbing ist demgegenüber dadurch charakterisiert, dass es regelmäßig erfolgt und die psychosoziale Schädigung des Opfers erzielen will. Auch wenn die potentielle Anonymität im Internet Cybermobbing begünstigt, so gilt als Ursache für das antisoziale und aggressive Verhalten der Cyber-Mobber der Mangel an sozialer Kompetenz.

Eine weitere Entwicklung, die Mobbing in Sozialen Online-Netzwerken begünstigt, ist der unbedachte Umgang der Netzwerkakteure mit ihren persönlichen Kontaktdaten. Im Social Web kommt es derzeit zu einer Verschmelzung von Sphären privater Öffentlichkeiten, was sich auch daran abzeichnet, dass Jugendliche tendenziell in mehreren Social Networks registriert sind und zwischen ihnen persönliche Daten transferieren. Durch die Sicherheitslücken in der Architektur der Social Network Sites und den unbedachten Umgang mit persönlichen Daten durch die Akteure selbst, ergibt sich die Gefahr, dass private Öffentlichkeiten zu globalen Öffentlichkeiten werden. Mehr Transparenz und Unterstützung durch die Social Network Provider hinsichtlich der Privatsphäreeinstellungen auf Netzwerkplattformen wäre ein erster Schritt, um Cybermobbing generell zu erschweren. Denn im Kern basiert Cybermobbing auf dem Missbrauch und der Instrumentalisierung von Nutzerdaten, die für direkte oder indirekte Formen von Mobbing im Internet elementar sind. In den nächsten Jahren wird zudem weiter zu erforschen sein, ob durch die leistungsstärkeren Smartphones und der sukzessiv wachsenden Interoperabilität von Hardware und Software onlinevermittelte Kommunikation flexibler und mobiler wird. Und welche Auswirkungen diese Entwicklungen auf die juvenilen Mobbingaktivitäten sowie auf die generelle gesellschaftliche und interpersonale Kommunikation bzw. soziale Interaktion haben.

Präventivmaßnahmen von Cybermobbing sollten auf der innerschulischen und außerschulischen Vermittlung von sozialen Kompetenzen sowie der Förderung eines Bewusstseins für die Konsequenzen von Medienhandlungen basieren. Derzeitige Projekte liefern gute Ansätze, allerdings gilt es die Förderung von Medienkompetenz international fest in die Lehrpläne der Schulen zu implementieren. Auch wenn dies oftmals schwierig ist, so muss auch von Eltern gefordert werden, dass sie sich mehr mit dem Alltag ihrer Kinder auseinander setzen bzw. selbst hinsichtlich aktueller Medienpotentiale geschult werden. Zu vermeiden gilt es allerdings, Mobbing-Täter und -Opfer hinsichtlich bestimmter symptomatischer Verhaltensauffälligkeiten zu stigmatisieren. Auch dazu können Forschungsprojekte wie die *qualitative Studie zu Erfahrungen und Umgang mit Cyberbullying* an der Universität Bielefeld einen Beitrag leisten. Insgesamt gilt es aber, in öffentlichen Medien über das Thema, wie durch den von der EU initiierten *Safer Internet Day* oder TV Werbespots, zu informieren und somit Jugendliche und Erwachsene zu sensibilisieren. Hier zeigt sich auch der Vorteil von audiovisuellen Massenmedien, weil über populäre Medien wie Fernsehen und Internet gleichzeitig mehrere soziale Nutzergruppen und Sinnesmodalitäten angesprochen werden. Des Weiteren sollten zukünftige Anti-Mobbing bzw. Cybermobbing Seminare die Effekte computervermittelter Kommunikation bei der Konzeption berücksichtigen und den Kindern und Jugendlichen zu mehr Handlungskompetenz verhelfen, damit sie zukünftig reflexiv, kritisch, sozial- bzw. selbstverantwortlich via Internet und Smartphone mit anderen Menschen interagieren.

Abbildungsverzeichnis

Abb. 3:

Unterschiede zwischen Face-to-Face-Kommunikation und Online-Kommunikation im Internet (MISOCH 2006, S. 62)

Face-to-Face-Kommunikation	Online-Kommunikation (im Internet)
Kopräsenz aller Kommunikationsteilnehmer	Keine Kopräsenz der Teilnehmer
Visuelle Sichtbarkeit	Visuelle Anonymität
Durch Kopräsenz der Akteure Einbezug psychosozialer Daten, die durch Körper, Kleidung usw. vermittelt werden	Keine Übertragung psychosozialer körpergebundener Daten
Möglicher Einbezug aller Sinnesmodalitäten (optisch, akustisch, olfaktorisch usw.)	Kein Einbezug direkter Sinnesmodalitäten
Austausch erfolgt mittels verbaler (Sprache) und nonverbaler Zeichen (Mimik, Gestik, Haptik usw.)	Austausch hauptsächlich mittels verschriftlichter Sprachzeichen
Kommunikation erfolgt zeitgleich	Zeitgleiche (Chat) und zeitversetzte Kommunikation (E-Mail) möglich
Raumgebundene Kommunikation	Kommunikation ist raumungebunden, es entsteht ein virtueller Kommunikationsraum
Synchrone Kommunikation nur bei gleichzeitiger Kopräsenz möglich	Synchrone Kommunikation bei geografischer Trennung möglich
Kommunikation durch Kopräsenz in einen Kontext einbezogen	Kommunikation entkontextualisiert
Eindrucksbildung aufgrund optischer Merkmale	Eindrucksbildung aufgrund textueller Merkmale (Schreibstil usw.)

Abb. 4:

Kompensationsmöglichkeiten CvK- bedingter Restriktionen (Weinreich 1997, S. 15)

Face-to-Face-Kommunikation	Computervermittelte Kommunikation	
1. Gesprächsinhalt	1. Gesprächsinhalt	
2. Nonverbale Eindrücke	2. Nonverbale Eindrücke	Substitute
auditiv	auditiv	Soundwörter/Emoticons
visuell	visuell	Aktionswörter/Emoticons
olfaktorisch	olfaktorisch	(Aktionswörter/Emoticons)
gustatorisch	gustatorisch	(Aktionswörter/Emoticons)
taktil	taktil	(Aktionswörter/Emoticons)

Abb. 5:

Kanäle von Cyber-Mobbing (Fawzi 2009, S. 36)

Medium	Kanal	Öffentlichkeitsgrad		
		Öffent-lich	Halb-öffentlich	Privat
Internet	Video-/Fotoplattform	x		
	Homepage	x	x	
	Weblogs	x	x	
	Foren	x	x	
	Newsgroup		x	
	MUDs		x	x
	Social Community		x	x
	E-Mail		x	x
	Chat		x	x
	Online-Spiele		x	x
	Video-Konferenzen		x	x
	Internet-Telefonie			x
	Instant Messenger			x
Handy	SMS			x
	MMS			x
	Anruf			x
	Video		x	x

◄───────

Steigerung des Öffentlichkeitsgrades möglich

Literaturverzeichnis

- Aftab, P. (2008): Cyberbullying by proxy. [online] URL: http://www.stopcyberbullying.org/how_it_works/cyberbullying_by_proxy.html [Stand 30.10.2010].
- Aftab, P. (2008b): What methods works with the different kinds of cyberbullies? [online] URL: http://www.stopcyberbullying.org/educators/howdoyouhandleacyberbully.html [Stand 30.10.2010].
- Anderson, C.: The long tail. Why the future of business is selling less for more. New York: Hyperion, 2006.
- Andresen, S.: Einführung in die Jugendforschung. Darmstadt: Wissenschaftliche Buchgesellschaft, 2005.
- Baacke, D. (1997): Medienpädagogik. Tübingen: Niemeyer, 2007.
- Baacke, D.: Jugend und Jugendkulturen: Darstellung und Deutung. 3. überarbeitete Auflage. Weinheim/ München: Juventa, 1999.
- Bandura, A.: Lernen am Modell. Ansätze zu einer sozial-kognitiven Lerntheorie. Stuttgart: Klett, 1976.
- Barefoot, J. C. & Strickland, L. H.: Conflict and Dominance in Television-Mediated Interactions. In: Human Relations, Ausgabe 35, 1982, S. 559-566.
- Bauer, C. A.: User Generated Content – Urheberrechtliche Zulässigkeit nutzergenerierter Medieninhalte. In: Große Ruse-Khan, H. & Klass, N. &. v. Lewinski, S.: Nutzergenerierte Inhalte als Gegenstand des Privatrechts. Aktuelle Probleme des Web 2.0. Band 15. MPI: Studies on Intellectual Property, Competition and Tax Law, 2010.
- Bay, W.: Die Unität des natürlich-künstlichen Menschen. Das literarische Motiv „Der künstliche Mensch" und seine Auflösung in Williams Gibsons „Neuromancer". 1. Auflage. Norderstedt: GRIN, 2006.
- Beck, K.: Computervermittelte Kommunikation im Internet. München: Oldenbourg Wissenschaftsverlag GmbH, 2006.
- Bell, R. R.: Kultur der Jugendlichen.. In: Friedeburg, L. v. (Hrsg.): The Adolescent Subculture, 1961. 1965, S. 83ff..

- Belsey, B. (2004): What is cyberbullying? [online] URL: http://www.cyberbullying.ca/pdf/Cyberbullying_Information.pdf [Stand 29.10.2010].

- Bergmann, J. R.: Klatsch. Zur Sozialform der diskreten Indiskretion. Berlin, New York: Walther de Gruyter, 1987.

- Bourdieu, P.: Die feinen Unterschiede, Kritik der gesellschaftlichen Urteilskraft. Frankfurt/Main: Suhrkamp, 1982.

- Boyd, D.: „Why Youth (Heart) Social Network Sites: The Role of Networked Publics in Teenage Social Life". In: Buckingham, D. (Hrsg.): Youth, Identity and Digital Media. Cambridge, MA: MIT Press, 2007, S. 119-142.

- Boyd, D. & Ellison, N.: Social network sites: Definition, history, and scholarship. In: Journal of Computer-Mediated Communication, Jg. 13, 2007, Nr. 1, Artikel 11.

- Boyd, Danah (2009): Friendship. In: Ito, Mizuko et al. (Hrsg.): Hanging Out, Messing Around, Geeking Out: Living and Learning with New Media. Cambridge. [online] URL: http://digitalyouth.ischool.berkeley.edu/book-friendship [Stand 30.10.2010].

- Brockhaus - Die Enzyklopädie: in 30 Bänden. 21., neu bearbeitete Auflage. Leipzig, Mannheim: F. A. Brockhaus, 2006.

- Bruns, A.: Blogs, Wikipedia, Second Life, and beyond. From production to produsage. New York: Peter Lang Verlag, 2008.

- Bundesagentur für Ernährung, Landwirtschaft und Verbraucherschutz (2010): Was tun bei Cyber-Mobbing? [online] URL: http://www.bmelv.de/SharedDocs/Standardartikel/Verbraucherschutz/Internet-Telekommunikation/Cyber-Mobbing.html [Stand 30.10.2010].

- Bundesgesetz über das Jugendstrafrecht (2003): Jugendstrafgesetz (JStG). [online] URL: http://www.admin.ch/ch/d/ff/2003/4445.pdf [29.10.2010].

- Bundesministerium für Justiz (2007): Telemediengesetz. [online] URL: http://www.gesetze-im-internet.de/bundesrecht/tmg/gesamt.pdf [Stand 30.10.2010].

- Burkart, R.: Kommunikationswissenschaft. Grundlagen und Problemfelder. Umrisse einer interdisziplinären Sozialwissenschaft. 3. Auflage. Wien/ Köln: Böhlau, 1998.

- C't magazin (2010): Spion gegen Spion: Jetzt auch Tracker für SpyEye-Kontrollserver. [online] URL: http://www.heise.de/ct/meldung/Spion-gegen-Spion-Jetzt-auch-Tracker-fuer-SpyEye-Kontrollserver-1131974.html [Stand 30.10.2010].

- Caplan, S. E.: Challenging the mass-interpersonal communication dichotomy: Are we witnessing the emergence of an entirely new communication system? In: The Electronic Journal of Communication, Ausgabe 11, 2001, Nr.1.

- Carl R. Rogers: Die nicht-direktive Beratung. Counseling and Psychotherapy. 13. Auflage. Frankfurt: Fischer, 1985

- Castells, M.: Die Transformation von Arbeit und Beschäftigung. In: ders. (Hrsg.): Der Aufstieg der Netzwerkgesellschaft. Teil 1 der Trilogie „Das Informationszeitalter". Opladen: Leske & Budrich, 2001, S. 229-373.

- Charlton, M.: Rezeptionsforschung als Aufgabe einer interdisziplinären Medienwissenschaft. In: Charlton, M. & Silvia Schneider (Hrsg.): Rezeptionsforschung. Theorien und Untersuchungen zum Umgang mit Massenmedien. Opladen: Westdeutscher Verlag, 1997, S. 16-39.

- Chip Online (2010): Firesheep: Firefox-Tool entert Facebook-Accounts. [online] URL: http://www.chip.de/news/Firesheep-Firefox-Tool-entert-Facebook-Accounts_45362587.html [Stand 13.11.2010].

- Chris Anderson: The Long Tail – der lange Schwanz. Nischenprodukte statt Massenmarkt – Das Geschäft der Zukunft. 1. Auflage. München: Carl Hanser, 2007.

- Cierpka, M.: FAUSTLOS - Wie Kinder Konflikte gewaltfrei lösen lernen. Freiburg: Herder, 2005.

- Dambach, K. E.: Mobbing in der Schulklasse. München: Reinhardt, 1998.

- Daschmann, G.: Der Preis der Prominenz. Medienpsychologische Überlegungen zu den Wirkungen der Medienberichterstattung auf die dargestellten Akteure. In: Schierl, T. (Hrsg.): Zur Genese und Verwertung von Prominenten in Sport, Wirtschaft und Kultur. Köln: Halem, 2007, S. 184-211.

- Datenwachschutz (2010): Wie lange dauert es bis Inhalte gelöscht werden? [online] URL: http://www.datenwachschutz.de/faq.html#9 [Stand 30.10.2010].

- Delhees, K. H.: Soziale Kommunikation. Psychologische Grundlagen für das Miteinander in der modernen Gesellschaft. Opladen: Westdeutscher Verlag, 1994.

- Der Bundesbeauftragte für den Datenschutz und die Informationsfreiheit (2010): Bundesdatenschutzgesetz (BDSG). [online] URL: http://www.bfdi.bund.de/SharedDocs/Publikationen/GesetzeVerordnungen/BDSG.pdf?__blob=publicationFile [Stand 09.11.2010].

- DerStandard.at (2010): "Star Wars Kid" nach Gerichtsverfahren und Therapie zurück. [online] URL: http://derstandard.at/1271378328971/Star-Wars-Kid-nach-Gerichtsverfahren-und-Therapie-zurueck [Stand 30.10.2010].

- Dollase, R.: Umgang mit interethnischen Konflikten in Bildungsinstitutionen. In: Sommer, G. & Fuchs, A. (Hrsg.): Krieg und Frieden. Weinheim/ Basel/ Berlin: Beltz, 2004, S. 608-635.

- Döring, N. (1999): Sozialpsychologie des Internet. Die Bedeutung des Internets für Kommunikationsprozesse, Identitäten, soziale Beziehungen und Gruppen. 2., vollständig überarbeitete und erweiterte Auflage. Göttingen/ Bern/ Toronto/ Seattle: Hogrefe Verlag für Psychologie, 2003.

- Dorsch, F.: Psychologisches Wörterbuch. Bern, Stuttgart, Wien: Hans Huber, 1976.

- Duden: Das Große Fremdwörterbuch. Herkunft und Bedeutung der Fremdwörter. 4., aktualisierte Auflage. Mannheim, Leipzig, Wien, Zürich: Dudenverlag, 2003.

- Duden: Deutsches Universalwörterbuch. 6. überarbeitete Auflage. Mannheim, Leipzig, Wien, Zürich: Dudenverlag, 2007.

- Duden: Deutsches Universalwörterbuch. Das umfassende Bedeutungswörterbuch der deutschen Gegenwartssprache. 6. überarbeitete Auflage. Mannheim/ Leipzig/ Wien/ Zürich: Dudenverlag, 2007.

- Ebersbach, A., Glaser, M., Heigl, R.: Social Web. Konstanz: UVK, 2008.

- Eberspächer, M. (2007): Cyber-Mobbing gegen Lehrer. Pornomontagen und Hinrichtungsvideos. [online] URL: http://www.spiegel.de/schulspiegel/leben/0,1518,488062,00.html [Stand 30.10.2010].

- Eisenberger, N. I., Lieberman, M. D. & Williams, K. D.: Does rejection hurt? An fMRI study of social exclusion. In: Science, 2003, Nr. 302, S. 290-292.

- Eisenstadt, S. N.: Von Generation zu Generation. Altersgruppen und Sozialstruktur. München: Juventa, 1966.

- Electronic Frontier Foundation (2010): HTTPS Everywhere. [online] URL: https://www.eff.org/https-everywhere [Stand 10.11.2010].

- Erikson, E.H.: Identity. Youth and Crisis. New York: Norton, 1968.

- Ertelt, J.: Netzkultur 2.0. Jugendliche im globalen Dorf. In: Ertelt, J. & Röll, F. (Hrsg.): Web 2.0 – Jugend online als pädagogische Herausforderung. München: Kopaed, 2008, S. 50-58.

- Facebook (2010): Facebook für iPhone. [online] URL: https://www.facebook.com/iphone [Stand 30.10.2010].

- Fawzi, N.: Cyber-Mobbing. Ursachen und Auswirkungen von Mobbing im Internet. Baden-Baden: Nomos, Ed. Fischer, 2009.

- Felson, R. B.: Patterns of aggressive social interaction. In: Mummendey (Hrsg.): Social psychology of aggression. Berlin: Springer, 1984, S. 107-126.

- Ferchhoff, W.: Jugend an der Wende vom 20. Zum 21. Jahrhundert. Lebensformen und Lebensstile. 2. Überarbeitete und ergänzte Auflage. Opladen: Leske & Budrich, 1999.

- Festinger, L.: A Theory of Social Comparison Processes. In. Human Relations, 1954, Ausgabe 7, S. 117-140.

- Fisch, M. & Gscheidle, C. (2008): Ergebnisse der ARD/ZDF-Onlinestudie 2008. Mitmachnetz Web 2.0: Rege Beteiligung nur in Communitys. [online] URL: http://www.daserste.de/service/studie08_4.pdf [Stand 13.11.2010].

- Friedemann Schulz von Thun: Miteinander reden: Störungen und Klärungen. Psychologie der zwischenmenschlichen Kommunikation. Reinbek: Rowohlt, 1981.

- Fromme, J. u.a.: Selbstsozialisation, Kinderkultur und Mediennutzung. Opladen: Leske & Budrich, 1999.

- Gambler, H.: Harrygambler2009's Blog (2010): Cyber-Mobbing - Klage gegen Facebook in New York. [online] URL: https://harrygambler2009.wordpress.com/2010/03/05/cyber-mobbing-klage-gegen-facebook-in-new-york/ [Stand 30.10.2010].

- Ganguin, S.: Medienkritik – Kernkompetenz unserer Mediengesellschaft. In: Ludwigsburger Beiträge zur Medienpädagogik, 2004, Ausgabe 6, S. 1-7.

- Gapski, H.: Medienkompetenz messen ? Verfahren und Reflexionen zur Erfassung von Schlüsselkompetenzen. München: Kopaed, 2006.

- Gaschke, S.: Klick - Strategien gegen die digitale Verdummung. Freiburg: Herder, 2009.

- Gasteiger-Klicpera, B. & Klein, M.: Aggressionsprävention in der Grundschule. Evaluation eines Trainings zur Konfliktlösung in dritten Volksschulklassen. In: Ittel, A. & von Salisch, M. (Hrsg.): Lästern, lügen, leiden lassen. Aggressives Verhalten von Kinder und Jugendlichen. Stuttgart: Kohlhammer, 2005, S. 135-156.

- Gerhards, M., Klingler, W. & Trump, T.: Das Social Web aus Rezipientensicht: Motivation, Nutzung und Nutzertypen. In: Zerfaß, A., Welker, M. & Schmidt, J. (Hrsg.):

Kommunikation, Partizipation und Wirkungen im Social Web. Köln: Herbert von Halem, 2008, S. 129-148.

- Gewerkschaft für Erziehung und Wissenschaft (2007): Cyber-Mobbing in Schulen. Online-Befragung 2007 für GEW Hauptvorstand / Max-Traeger-Stiftung. [online] URL: http://www.gew.de/Binaries/Binary31975/REPORT_CM2007.pdf [Stand 30.10.2010].

- Glasl, F.: Konfliktmanagement. Stuttgart: Freies Geistesleben, 1997.

- Gluckman, M.: Gossip and scandal. In: Current Anthropology. 1963, Nr. 4, S. 307- 316.

- Golbeck, J. (2007): The Dynamics of Web-Based Social Networks: Membership, Relationships and Change. First Monday, 12(11). [online] URL: http://www.uic.edu/htbin/cgiwrap/bin/ojs/index.php/fm/article/view/2023/1889 [Stand 30.10.2010].

- Gollnick, R.: Schulische Mobbing-Fälle. Analysen und Strategien. 2. Auflage. Berlin/ Hamburg/ Münster: LIT Verlag, 2006.

- Götze, E.: Rechtslexikon. Aus der Reihe Fischer Ratgeber Recht. Frankfurt: Fischer-Heymanns, 2002.

- Greif, B. (2008): Südkorea erlässt Gesetz gegen Cybermobbing. [online] URL: http://www.zdnet.de/news/digitale_wirtschaft_internet_ebusiness_suedkorea_erlaesst_ge setz_gegen_cybermobbing_story-39002364-39198526-1.htm [Stand 30.10.2010].

- Grimm, P. & Rhein, S.: Slapping, Bullying, Snuffing! Zur Problematik von gewalthaltigen und pornografischen Videoclips auf Mobiltelefonen von Jugendlichen. Berlin: Vistas, 2007.

- Grimm, P., Rhein, S. & Clausen-Muradian, E.: Gewalt im Web 2.0. Der Umgang Jugendlicher mit gewalthaltigen Inhalten und Cyber-Mobbing sowie der rechtlichen Einordnung der Problematik. In: Niedersächsische Landesmedienanstalt (Hrsg.): Schriftreihe der NLM. Band 23. Hannover: Vistas, 2008, S. 23.

- Grimm, P., Rhein; S. & Clausen-Muradian, E.: Gewalt im Web 2.0. Der Umgang Jugendlicher mit gewalthaltigen Inhalten und Cyber-Mobbing sowie die rechtliche Einordnung der Problematik, 1. Aufl., Hannover: Vistas, 2008.

- Gupta, L. (2004): Cyber-Stalking. Digitaler Psychoterror. [online] URL: http://www.focus.de/digital/internet/cyber-stalking-digitaler-psychoterror_aid_200734.html [Stand 30.10.2010].

- Habermas, J. (1962): Strukturwandel der Öffentlichkeit. Untersuchungen zu einer Kategorie der bürgerlichen Gesellschaft. Frankfurt: Suhrkamp, 1990.

- Haldenwang, V. (2009): Cyber-Mobbing. Kennzeichen – Maßnahmen – Empfehlungen. [online] URL: http://www.medieninfo.bayern.de/download.asp?DownloadFileID=6d1c8239889cb09239 ba0a913f6f371f [Stand 30.10.2010].

- Havighurst, R.J. (1948): Developmental Tasks and Education. 7. Auflage. New York: Longman Inc., 1982.

- Heinrichs, D. (2010): Sprache gegen Gewalt. Schwerpunkte. [online] URL: http://www.sprache-gegen-gewalt.de/index.php?module=Pagesetter&func=viewpub&tid=3&pid=1 [Stand 10.11.2010].

- Heise Online (2010): Für den Facebook-Chef ist Privatsphäre nicht mehr zeitgemäß. [online] URL: http://www.heise.de/newsticker/meldung/Fuer-den-Facebook-Chef-ist-Privatsphaere-nicht-mehr-zeitgemaess-900367.html [Stand 30.10.2010].

- Hinduja, S. & Patchin, J. W.: Cyberbullying. An exploratory analysis of factors related to offending and victimization. In: Deviant Behavior, 2008, Nr. 29., S. 129-156.

- Hitzler, R., Bucher, T. & Niederbacher, A. (2001): Leben in Szenen. Formen jugendlicher Vergemeinschaftung heute. 2., aktualisierte Auflage. Wiesbaden: VS, 2005.

- Hohm, H.-J.: Soziale Systeme, Kommunikation, Mensch. Eine Einführung in die soziologische Systemtheorie. 2., überarbeitete Auflage. München: Weinheim, 2006.

- HORIZONTstats (2010): IVW Online: Top 20 Internet-Angebote im September 2010 nach Anzahl der Visits in Millionen und Veränderung zum Vormonat in Prozent. [online] URL: http://www.horizontstats.de/statistik/daten/studie/162942/umfrage/top-20-internet-angebote-nach-anzahl-der-visits/ [Stand 30.10.2010].

- Hülskötter, M. (2010): IT-techBlog: Home of MobileTech. Duell, zweiter Teil: HTC Desire vs iPhone. [online] URL: http://www.it-techblog.de/duell-zweiter-teil-htc-desire-vs-iphone/04/2010/ [Stand 30.10.2010].

- Hutter, T. (2010): Facebook: Cyberbashing, Cyberbullying, Cybermobbing und andere Unschönheiten auf Facebook. [online] URL: http://www.thomashutter.com/index.php/2010/06/facebook-cyberbashing-cyberbullying-cybermobbing/ [29.10.2010].

- Informationsgemeinschaft zur Feststellung der Verbreitung von Werbeträgern (2010): IVW Online Nutzungsdaten 09-2010. [online] URL: http://ausweisung.ivw-online.de/index.php [Stand 30.10.2010].

- Internet World Stats (2010): INTERNET USAGE STATISTICS. The Internet Big Picture World Internet Users and Population Stats. [online] URL: http://www.internetworldstats.com/stats.htm [Stand 30.10.2010].

- Jäger, R. S., Fischer, U. & Riebel, J. (2007): Mobbing bei Schülerinnen und Schülern in der Bundesrepublik Deutschland. Eine empirische Untersuchung auf der Grundlage eine einer Online-Befragung. [online] URL: http://www.zepf.uni-landau.de/index.php?id=280&type=1&no_cache=1&file=1017&uid=340 [Stand 30.10.2010].

- Joinsen, A. N.: Disinhibition and the Internet. In: Gackenbach, J. (Hrsg.): Psychology and the Internet. Intrapersonal, Interpersonal and Transpersonal Implications. 2. Auflage. Amsterdam/ San Diego: Academic, 2007, S. 75-92.

- Jung, E. H. (2010): Add-on für Firefox. FoxyProxy Standard 2.22.1. [online] URL: https://addons.mozilla.org/de/firefox/addon/2464/ [Stand 30.10.2010].

- Justus, S. (2010): Deutsche Presse.de: Sumasearch informiert: Google baut seinen Marktanteil weiter aus. [online] URL: http://www.deutschepresse.de/sumasearch-informiert-google-baut-seinen-marktanteil-weiter-aus-pr59413.html [Stand: 12.10.2010].

- Kantel, J.: Ping, Tags und Social Software. Communitybildung und Medienkonvergenz durch neue Publikationsformen im Internet. In: Ertelt, J. & Röll, F. J. (Hrsg.): Web 2.0: Jugend online als pädagogische Herausforderung. München: Kopaed, 2008, S. 21-38.

- Kaspar, H.: Mobbing in der Schule. Probleme annehmen, Konflikte lösen. 2. Auflage. Lichtenau: Beltz, 1998.

- Kecskes, R. & Wolf, C.: Konfession, Religion und soziale Netzwerke. Opladen: Leske & Budrich, 1996.

- Kepplinger, H. M. & Glaab, S.: Reciprocal Effects of Negative Press Reports. In: European Journal of Communication, 2007, Nr. 22. 2007, S. 337-354.

- Kepplinger, H. M.: Reciprocal Effects. Towards a Theory of Mss Media Effects on Decision Makers. In: The Harvard International Jounal of Press/Politics, Ausgabe 12, 2007, Nr. 2, S. 3-23.

- Kepplinger, H.M. & Glaab, S.: Folgen ungewollter Öffentlichkeit. Abwertende Beiträge aus Sicht des Betroffenen. In: Beater, A. & Habermeier, S. (Hrsg.): Verletzung von Persönlichkeitsrechten durch die Medien. Tübingen: Mohr Siebeck, 2005, S. 117-137.

- Keul, A. G.: Soziales Netzwerk – System ohne Theorie. In: Laireiter, A. (Hrsg.): Soziales Netzwerk und soziale Unterstützung. Bern: Huber, 1993, S. 45-54.

- Kiesler, S., Siegel, J. & McGuire, T. W.: Social psychological aspects of computer-mediated communication. In: American Psychologist, Ausgabe 39, 1984, S. 1123-1134.

- Kindhäuser, U.: Strafgesetzbuch. Lehr- und Praxiskommentar. 4., vollständig überarbeitete Auflage. Baden-Baden: Nomos, 2010.

- Kindler, W.: Gegen Mobbing und Gewalt! Ein Arbeitsbuch für Lehrer, Schüler und Peergruppen. Seelze-Velber: Kallmeyer, 2002.

- Klawonn, B. (2010): Privatsphäre schützen mit ReputationDefender! [online] URL: http://www.birgit-klawonn.de/privatsphaere-schuetzen-mit-reputationdefender/ [Stand 12.10.2010].

- Kleemann, F., Voß, G. & Rieder, K.: Un(der)paid Innovators. The commercial utilization of consumer work through crowdsourcing. In: Siense, Technology & Innovation Studies, Jg. 4, 2008, Nr. 1, S. 5-26.

- Klein, S.: Die virtuelle Öffentlichkeit des Internet und ihre Bedeutung für die menschliche Doppelnatur. Unv. Magisterarbeit, Universität Mainz, 2007.

- Klicksafe.de (2010): Die EU-Initiative zu mehr Sicherheit im Netz. [online] URL: https://www.klicksafe.de/ [Stand 30.10.2010].

- Knorr, E.: The Year of Web Services. In: CIO – Fast Forward 2010. The Fate of I.T., 12.2003, 01.2004, Ausgabe 17, Nr. 6, S. 90.

- Koch, M. & Richter, A.: Enterprise 2.0 Planung. Einführung und erfolgreicher Einsatz von Social Software in Unternehmen. 2. Auflage. München: Oldenbourg, 2009.

- Koglin, U. & Petermann, F.: Verhaltenstraining im Kindergarten. Ein Programm zur Förderung sozial-emotionaler Kompetenz. Göttingen: Hogrefe, 2006.

- Kowalski, R. M. & Limber, S. P.: Electronic Bullying Among Middle School Students. In: Journal of Adolescent Health, 2007, Nr. 41, S. 22-30.

- Kowalski, R. M., Limber, S. P. & Agatston, P. W.: Cyber Bullying. Bullying in the Digital Age. Malden: MA: Blackwell Publishing, 2008.

- Krotz, F.: Mediatisierung: Fallstudien zum Wandel von Kommunikation. Wiesbaden: VS, 2007.

- Lanier, J. (2006): Digital Maoism: The Hazards of the New Online Collectivism. [online] URL: http://www.edge.org/3rd_culture/lanier06/lanier06_index.html [Stand 30.10.2010].

- Latané, B., Rodin, J.: A lady in distress. Inhibiting effects of friends and strangers on bystander intervention. In: Journal of Experimental Social Psychology, 1969, Nr. 5, S. 189-202.

- Lenhart, A. (2007): PEW / Internet. Cyberbullying and Online Teens. [online] URL: http://pewinternet.org/~/media//Files/Reports/2007/PIP%20Cyberbullying%20Memo.pdf.pdf [Stand 30.10.2010].

- Leymann, H.: Mobbing. Psychoterror am Arbeitsplatz und wie man sich dagegen schützen kann. Reinbek bei Hamburg: Rowohlt, 1993.

- Leymann, H.: Mobbing. Psychoterror am Arbeitsplatz und wie man sich dagegen wehren kann. Reinbek bei Hamburg: Rowohlt, 2002.

- Luhmann, N.: Veränderungen im System gesellschaftlicher Kommunikation und die Massenmedien. In: Schatz, O. (Hrsg.): Die elektronische Revolution. Wie gefährlich sind die Massenmedien? Köln: Graz, 1975.

- Lüscher, C. (1997): Zur Konstruktion von Identität im virtuellen Raum. [online] URL: http://christophluescher.ch/old/Cyberseminar.html#Definition [Stand 30.10.2010].

- Marsh, H. W.: Verbal and math self-concepts. An internal/ external frame of reference model. In: American Educational Research Journal, Ausgabe 23, 1986, Nr. 1, S. 129-149.

- Medienpädagogischer Forschungsverbund Südwest (2008): JIM-STUDIE 2008. Jugend, Information, (Multi-) Media. Basisstudie zum Medienumgang 12- bis 19-Jähriger in Deutschland. [online] URL: http://www.mpfs.de/fileadmin/JIM-pdf08/JIM-Studie_2008.pdf [Stand 05.11.2010].

- Medienpädagogischer Forschungsverbund Südwest (2009): JIM-STUDIE 2009. Jugend, Information, (Multi-) Media. Basisstudie zum Medienumgang 12- bis 19-Jähriger in Deutschland. [online] URL: http://www.mpfs.de/fileadmin/JIM-pdf09/JIM-Studie2009.pdf [Stand 30.10.2010].

- Menduni, E.: Four steps in innovative radio broadcasting. From QuickTime to podcasting. In: The radio journal. International Studies in Broadcast and Audio Media, Jg. 5, 2007, Nr. 1, S. 9-18.

- Mettler-von Meibom, B.: Kommunikation in der Mediengesellschaft. Tendenzen – Gefährdungen – Orientierungen. Berlin: Edition Sigma. 1994.

- Microsoft (2010): Microsoft Office Binary (doc, xls, ppt) File Formats. [online] URL: https://www.microsoft.com/interop/docs/officebinaryformats.mspx [Stand 12.11.2010].

- Mikos, L.: Medien als Sozialisationsinstanz und die Rolle der Medienkompetenz. In: Hoffmann, D. & Merkens, H. (Hrsg.): Jugendsoziologische Sozialisationstheorien. Impulse für die Jugendforschung. Weinheim: Juventa, 2004, S. 157-172.

- Miranda-Fusion (2010): Be a part o fit. [online] URL: http://www.miranda-fusion.de/features/ [Stand 30.10.2010].

- Misoch, S.: Online-Kommunikation. Konstanz: UVK Verlagsgesellschaft mbH, 2006.

- MobileTicker (2010): Android-Apps ertappt. [online] URL: http://mobileticker.info/anews/android-apps-ertappt/ [Stand 30.10.2010].

- Moesser, C.: Cyberbullying. In: Trends & Tudes, Ausgabe 6, 2007, Nr. 4, S. 1-4.

- Müller, C. (2010): …46 Jahren: Kitty Genovese wird in New York brutal erstochen. [online] URL: http://www.tagesanzeiger.ch/wissen/geschichte/vor-46-Jahren-Kitty-Genovese-wird-in-New-York-brutal-erstochen/story/29616512 [Stand 12.11.2010].

- Mummendey, A. u.a.: Categorization is not enough. Intergroup discrimination in negative outcome allocation. In: Journal of Experimental Social Psychology, 28, 1992, Nr. 2, S. 125–144.

- Nägele, Ch., Valkanover, S. & Alsaker, F. D.: Mobbing im Kindergarten. Erste Rückmeldung an die Eltern. Institut für Psychologie, Abteilung Entwicklungspsychologie, Universität Bern, 2005.

- National Children's Home (2005): Putting you in the Picture. [online] URL: http://www.filemaker.co.uk/educationcentre/downloads/articles/Mobile_bullying_report.pdf [Stand 30.10.2010].

- Neises, B. (2010): IVW Online: VZ Netzwerke in der Abwärtsspirale. [online] URL: http://www.horizont.net/aktuell/digital/pages/protected/IVW-Online-VZ-Netzwerke-in-der-Abwaertsspirale_95482.html [Stand 12.11.2010].

- Neuberger, O.: Mobbing. Übel mitspielen in Organisationen. München: Mering, 1993, 1999.

- Neuß, N.: Web 2.0 – Mögliche Gewinner und medienpädagogische Herausforderungen. In: Lauffer, J. & Röllecke, R. (Hrsg.): Berühmt im Netz? Neue Wege in der Jugendhilfe mit Web 2.0. Bielefeld: Gesellschaft für Medienpädagogik und Kommunikationskultur, 2008, S. 16 - 37.

- Noelle-Neumann, E.: Die Schweigespirale. Öffentliche Meinung – unsere soziale Haut. 6. erweiterte Auflage. München: Langen Müller Herbig, 2001.

- Nolting, H. P.: Lernfall Aggression. Wie sie entsteht – wie sie zu vermindern ist. 2., vollständig überarbeitete und erweiterte Neuausgabe November 2005. Hamburg: Rowohlt Reinbek, 2007.

- OECD (2007): Participative Web and User-Created Content. WEB 2.0, WIKIS AND SOCIAL NETWORKING. [online] URL: http://213.253.134.43/oecd/pdfs/browseit/9307031E.PDF [Stand 12.11.2010].

- Olweus, D.: Mobbing – vad vi vet och vad vi kan göra. Stockholm: Liber, 1986.

- Olweus, D.: Bullying at school. What we know and what we can do. Oxford: Blackwell Publishers, 1993.

- Olweus, D.: Gewalt in der Schule. Was Lehrer und Eltern wissen sollten - tun können. 2. korrigierte Auflage. Bern/ Göttingen/ Toronto/ Seattle: Hans Huber, 1996.

- Olweus, D.: Mobbing in Schulen – Fakten und Interventionen. In: Jugendhilfe und Schule, 2008, Teil B, S. 247-266.

- Opinion Research Corporation (2006): Cyber Bully Teen. Prepared for Fight-Crime. Invest in Kids. [online] URL: http://www.fightcrime.org/cyberbullying/cyberbullyingteen.pdf [Stand 30.10.2010].

- O'Reilly, T. (2006): Web 2.0 Compact Definition. Trying Again. [online] URL: http://radar.oreilly.com/archives/2006/12/web-20-compact.html [Stand 12.10.2010].

- Parsons, T.: The Social System. 3. Auflage. New York/ Toronto: Free Press of Glencoe, 1964.

- Patalong, F. (2007): Cyber-Mobbing. Tod eines Teenagers. [online] URL: http://www.spiegel.de/netzwelt/web/0,1518,518042,00.html [Stand 30.10.2010].

- Paus-Hasebrink, I., Schmidt, J. & Hasebrink, U.: Zur Erforschung der Rolle des Social Web im Alltag von Heranwachsenden. In: Schmidt, J., Paus-Hasebrink, I. & Hasebrink, U. (Hrsg.): Heranwachsen mit dem Social Web. Zur Rolle von Web 2.0-Angeboten im Alltag von Jugendlichen und jungen Erwachsenen. Berlin: Vistas, 2009.

- Petermann, F., Döpfner M. & Schmidt M. H.: Aggressiv-dissoziale Störungen. 2. Auflage. Göttingen: Hogrefe, 2007.

- Peters, U. H. (1971): Lexikon. Psychiatrie, Psychotherapie, Medizinische Psychologie. 6., voll neu überarbeitete und erweiterte Auflage. München/ Jena: Urban & Fischer, 2007.

- Peterson, S.: Loser Generated Content: From Participation to Exploitation. In: First Monday, Jg. 13, 2008, S. 3.

- Pieper, E. (2010): Click it! 2. Gute Seiten – Schlechte Seiten. Ein Theaterstück gegen Cybermobbing und sexuelle Gewalt im Internet. [online] URL: http://www.zartbitter.de/content/e56/e5811/index_ger.html [Stand 12.11.2010].

- Pons: Pons-Großwörterbuch/ Weiß-Mattutat. Französisch-Deutsch. Stuttgart: Klett, 1986.

- PublicProxyServers.com (2010): Public Proxy Servers. [online] URL: http://www.publicproxyservers.com/page1.html [Stand 13.11.2010].

- Reed-Steere, E.: Das Selbst und das Internet: Wandlungen der Illusion vom einen Selbst. In: Thiedeke, U. (Hrsg.): Virtuelle Gruppen. Charakteristika und Problemdimensionen. 2. Auflage. Wiesbaden: Gabler, 2003, S. 65-283.

- Richter, A. & Koch, M.: Funktionen von Social-Networking-Diensten. In: Bichler, M. u.a. (Hrsg.): Multikonferenz Wirtschaftsinformatik 2008. Berlin: Gito-Verlag, 2008, S. 1239-1250.

- Rolke, L. & Höhn, J.: Mediennutzung in der Webgesellschaft 2018. Wie das Internet das Kommunikationsverhalten von Unternehmen, Konsumenten und Medien in Deutschland verändern wird. Books on Demand, 2008.

- Ruch, F. & Zimbardo, L.: Lehrbuch der Psychologie. Eine Einführung für Studenten der Psychologie, Medizin und Pädagogik. Berlin: Springer, 1974.

- Schäfer, M. u.a.: Bullying roles in changing contexts. The stability of victim and bully roles from primary and secondary school. In: International Journal of Behavioral Development, 29, 2005, Nr. 4, S. 323-335.

- Schick, A.: Evaluationsstudien zum Gewaltpräventions-Curriculum Faustlos. In: Praxis der Rechtspsychologie, 16 (1/2), 2006, 169-181.

- Schmidt, J., Lampert, C. & Schwinge, C.: Nutzungspraktiken im Social Web. Impulse für die medienpädagogische Diskussion. In: Herzig, B. u.a. (Hrsg.): Jahrbuch Medienpädagogik 8 – Medienkompetenz und Web 2.0. Wiesbaden: VS, 2010, S. 255-269.

- Schmidt, J.: Das neue Netz. Merkmale, Praktiken und Folgen des Web 2.0. Konstanz: UVK Verlagsgesellschaft mbH, 2009.

- Schorb, B. u.a. (2010): Medienkonvergenz Monitoring. Soziale Online-Netzwerke-Report 2010. [online] URL: http://www.uni-leipzig.de/~umfmed/MeMo_SON10.pdf [Stand 13.11.2010].

- Schroer, M.: Selbstthematisierung. Von der (Er-)Findung des Selbst und der Suche nach Aufmerksamkeit. In: Günter Burkart (Hrsg.): Die Ausweitung der Bekenntniskultur – neue Formen der Selbstthematisierung? Wiesbaden: VS, 2006, S. 41-72.

- Schubarth, W.: Gewalt und Mobbing an Schulen. Möglichkeiten der Prävention und Intervention. Stuttgart: Kohlhammer, 2010.

- Schulz von Thun, F.: Miteinander Reden 1. Reinbeck bei Hamburg: Rowohlt Taschenbuch Verlag GmbH, 1981.

- Seesmic (2010): Seesmic Desktop. [online] URL: http://seesmic.com/seesmic_desktop/sd2/ [Stand: 12.11.2010].

- Shariff, S. & Johnny, L.: Cyber-Libel and Cyber-Bullying: Can Schools Protect Student Reputations and Free-Expression in Virtual Enviroments? In: Education Law Journal, Jg. 16, 2007, Nr. 3, S. 307-342.

- Siegert, M. & Chapman, M.: Identitätstransformationen im Erwachsenenalter. In: Frey, H.-P. & Haußer, K. (Hrsg.): Identität. Entwicklungen psychologischer und soziologischer Forschung. Stuttgart: Enke, 1987, S. 139-150.

- Simmel, G.: Soziologie. Untersuchungen über die Formen der Vergesellschaftung. GSG Band 11 (herausgegeben von Otthein Rammstedt). Frankfurt a. M.: Suhrkamp, 1992.

- Skype (2010): Skype. [online] URL: http://www.skype.com/intl/de/home/ [Stand 12.10.2010].

- Slonje, R. & Smith, P. K.: Cyberbullying. Another main type of bullying? In: Scandinavian Journal of Psychology, 2008, Nr. 49, S. 147-154.

- Smith, P. K. u.a.: Cyberbullying. It's nature and impact in secondary school pupils. In: Journal of Child Psychology and Psychiatry, Ausgabe 49, 2008, Nr. 4, S. 376-385,

- Spaiser, V.: Netiquette. Dokument zum Seminar: Internet als Sozialisations- und Vergesellschaftungsmedium WS 09/10. Bielefeld, 2010.

- Spiegel Online (2008): Netzwerk. Myspace Prozess. Bis zu 20 Jahre Haft für Online-Mobbing. [online] URL: http://www.spiegel.de/netzwelt/web/0,1518,560099,00.html [Stand 30.10.2010].

- Spiegel Online (2009): Mobbing. Erneut Selbstmord wegen Cyber-Mobbing. [online] URL: http://www.spiegel.de/netzwelt/web/0,1518,650340,00.html [Stand 30.10.2010].

- Spiegel Online (2010): Netzwelt . Gema klagt gegen YouTube. [online] URL: http://www.spiegel.de/netzwelt/web/0,1518,720533,00.html [Stand 12.10.2010].

- Stahl, E.: Dynamik in Gruppen. Handbuch der Gruppenleitung.Weinheim/ Basel/ Berlin: Beltz, 2002.

- Suls, J. M.: Gossip as Social Comparison. In: Journal of Communication, Ausgabe 27, 1977, Nr. 1, S. 164-168.

- Süselbeck, K. (2009): Der Westen. Das Portal der WAZ Mediengruppe. Festnahme wegen Morddrohungen bei SchuelerVZ. [online] URL: http://www.derwesten.de/staedte/essen/Festnahme-wegen-Morddrohungen-bei-SchuelerVZ-id530622.html [Stand 30.10.2010].

- Sutter, T.: Medienkompetenz und Selbstsozialisation im Kontext Web 2.0. In: Herzig, B. u.a. (Hrsg.): Jahrbuch Medienpädagogik 8: Medienkompetenz und Web 2.0. Wiesbaden: VS Verlag für Sozialwissenschaften, 2010, S. 41-58.

- Tajfel, H.: Gruppenkonflikt und Vorurteil. Entstehung und Funktion sozialer Stereotypen. Bern: Huber, 1982.

- Tapscott, D. & Williams, A.: Wikinomics. Die Revolution im Netz. München: Hanser, 2007.

- Tedeschi, J. P.: Die Sozialpsychologie von Aggression und Gewalt. In: Heitmeyer, W. & Haggan, J. (Hrsg.): Internationales Buch der Gewaltforschung. Wiesbaden: Westdeutscher Verlag GmbH, 2002, S. 573-598.

- Tedeschi, J. T., & Felson; R. B.: Violence, aggression, and coercive actions. Washington, D. C.: APA, 1994.

- Thiedeke, U.: Wir Kosmopoliten. Einführung in die Soziologie des Cyberspace. In: ders. (Hrsg.): Soziologie des Cyberspace. Medien, Strukturen und Semantiken. Wiesbaden: VS, 2004, S. 15-47.

- Tokunaga, R. S. (2010): Computers in Human Behavior. Following you home from school. A critical review and synthesis of research on cyberbullying victimization. [online] URL: http://www.sciencedirect.com/science/article/B6VDC-4YB84N8-1/2/187576ac95f4b4202cd37bc61e9c8fdb [Stand 30.10.2010].

- Van Eimeren, B. & Frees, B. (2008): Internetverbreitung: Größter Zuwachs bei Siver-Surfern. Ergebnisse der ARD/ZDF-Onlinestudie. In: Media Perspektiven, 2008, Nr. 7, S. 330-344.

- Volpert, W.: Zauberlehrlinge. Die gefährliche Liebe zum Computer. Weinheim/ Basel: Beltz. 1985.

- Walther, J. u.a.: The Role of Friends' Appearance and behavior on Evolutions of Individuals on Facebook: Are we Known by the Company We Keep? In: Human Communication Research, Jg. 34, 2008, Nr. 1, S. 28-49.

- Watzlawick, P.: Menschliche Kommunikation. Bern: Huber, 1969.

- Weber, W. G.: Partialisierung der Handlungsregulation - Zur Aktualität der Entfremdung als Gegenstand der Arbeitspsychologie. In: Moldaschl, M. (Hrsg.): Neue Arbeit - Neue Wissenschaft der Arbeit? Heidelberg: Asanger, 2002, S. 171-218.

- Webster, C. (2008): What is Cyber bullying? [online] URL: http://www.cyberbullying.info/resources/downloads/AblePublishing_Newsletter_08_term_3.pdf [Stand 30.10.2010].

- Wehner, J.: Interaktive Medien – Ende der Massenkommunikation? In: Zeitschrift für Soziologie, Ausgabe 26, 1997, Nr. 2, S. 96-114.

- Weinert, F. E.: Vergleichende Leistungsmessung in Schulen: eine umstrittene Selbstverständlichkeit. In: Weinert, F. E. (Hrsg.): Leistungsmessung in Schulen. Weinheim/ Basel: Beltz, 2001, S. 17-31.

- Weinreich, F.: Moderne Agoren. Nutzungsweisen und Perspektiven von Mailboxsystemen. Wiesbaden: Deutscher Universitätsverlag, 1997.

- Weisband, S. & Kiesler, S. (1996): Self Disclosure on Computer Forms: Meta-Analysis and Implications. [online] URL: http://portal.acm.org/citation.cfm?id=238387&dl=GUIDE&coll=GUIDE&CFID=110868508&CFTOKEN=70175731 [Stand 29.10.2010].

- Weiß, R. & Groebel, J.: Privatheit im öffentlichen Raum. Medienhandeln zwischen Individualisierung und Entgrenzung. Schriftreihe Medienforschung der Landesanstalt für Rundfunk Nordrhein-Westfalen, Bg. 43. Opladen: Leske & Budrich, 2002.

- Wellman, B. (2004): Mobile-ized, Glocalized Interaction in a Time of Networked Individualism. Lessons Being Learned from NetLab's Research. [online] URL: http://projects.ischool.washington.edu/mcdonald/cscw04/papers/wellman-cscw04.doc [Stand 30.10.2010].

- Wellman, B.: Physical Place and Cyberplace. The Rise of Personalized networking. In: International Journal of Urban and Regional Research. Jg. 25, 2001, Nr. 2, S. 227-252.

- Willard, N. E.: Cyberbullying and Cyberthreats. Responding to the Challenge of Online Social Aggression, Threats, and Distress. Champaign: Research Press, 2007.

- Williams, K. R. & Guerra, N. G.: Prevelance and Predictors of Internet Bullying. In: Journal of Adolescent Health, 2007, Nr. 41, S. 14-21.

- Winer, D. (2003): RSS 2.0 at Harvard Law. Internet technology hosted by Berkman Center. [online] URL: http://cyber.law.harvard.edu/rss/rss.html [Stand 30.10.2010].

- Winterhoff-Spurk, P. & Vitouch, P.: Mediale Individualkommunikation. In: Groebel, J. & Winterhoff-Spurk, P. (Hrsg.): Empirische Medienpsychologie. München: Psychologie Verlags Union, 1989, S. 247 -257.

- Wolak, J., Mitchell, K. J. & Finkelhor, D.: Does Online Harassment Constitute Bullying? An Exploration of Online Harassment by Known Peers and Online-Only Contacts. In: Journal of Adolescent Health 41. 2007, S. 51-58.

- Wöpken-Ekert, G.: „Vor der Pause habe ich richtig Angst". Gewalt und Mobbing unter Jugendlichen. Was man dagegen tun kann. Frankfurt/Main: Campus, 1998.

- Ybarra, M. L., Diner-West, M. & Leaf, P. J.: Examing the Overlap in Internet Harassment and School Bullying: Implications for School Intervention. In: Journal of Adolescent Health, 2007a, Nr. 41, S. 42-50.

- Ybarra, M. L., Mitchell, K. J., Finkelhor, D. & Wolak, J.: Internet Prevention Messages. In: Archives of Pediatrics & Adolescent Medicine, 2007b, Nr. 161, S. 138-145.

- Ybarra, M. L., Mitchell, K. J.: Youth engaging in online harassment: associations with caregiver-child relationships, Internet use, and personal characteristics. In: Journal of Adolescence, 2004, Nr. 27, S. 319-336.

- YouTube (2010): Nutzungsbedingungen. Community-Richtlinien. [online] URL: http://www.youtube.com/t/terms [Stand 30.10.2010].

- Zimmermann, P.: Grundwissen Sozialisation. Einführung zur Sozialisation im Kindes- und Jugendalter. 2. überarbeitete und ergänzte Auflage. Opladen: Leske & Budrich, 2003.

- Zuckerberg, M. (2010): Facebook. 500 Million Stories. [online] URL: http://blog.facebook.com/blog.php?post=409753352130 [Stand 30.10.2010].

- Zuschlag, B.: Mobbing, Schikane am Arbeitsplatz. Erfolgreiche Mobbingabwehr durch systematische Ursachenanalyse. Göttingen: Verlag für Angewandte Psychologie, 2001.